# 西城秀樹
# 一生青春
## 120の言葉
## 「愛に生きる」

西城秀樹
Hideki Saijo

青志社

Memories

上◆1972年（昭和47）3月25日「恋する季節」でデビュー。歌手を志し故郷広島をあとにして2年目の17歳の日のことである。
左◆山本寛斎デザインのステージ衣装は、圧倒的な存在感を持ってファンに支持された。

◆身長181㎝、体重68㎏、バスト94㎝、ヒップ95㎝、靴サイズ26㎝。見事に均整がとれたボディサイズ。

右上◆1975年（昭和50）初の武道館コンサートを行った。以来1985年まで恒例のコンサートとなった。
右下◆大きな会場でのコンサートだけではなく、ディナーショーなどにも挑戦。幅広い年齢層のファンに愛された。

上⚪︎常に全力投球の秀樹のステージは、エネルギッシュでパワフル。ファンと一体となって時を越えていった。
左⚪︎ステージ上でのパフォーマンスは超一流だ。

上◆1975年（昭和50）初の全国縦断コンサートツアーがスタートした。大がかりな装置を使った舞台は、文字どおり秀樹から始まった。
右◆アップテンポな曲もさることながら、バラードも秀樹の持ち味を発揮させた。

◇郷ひろみ、野口五郎と、新御三家として活躍、スターの座を不動に。

上◇1979年(昭和54)国民的人気ソング「ヤングマン」はミリオンセラーに。

左◇赤を着こなすのはなかなか難しいのだが、秀樹にかかると見事なファッションセンスとして赤が映える。

◇1986年（昭和61）ギンギンに大人の男を感じる秀樹の艶姿。31歳、セクシーで男盛りの一葉だ。

上◇海外ツアーで中国、香港、韓国、ブラジル、バンコクなどへ。

左◇世界は秀樹の「ヤングマン」（Y.M.C.A）で廻る。

◇家族〝5人〟の記念写真。実はこのとき、美紀夫人のお腹の中に、次男悠天くんが宿っていた。

# 西城秀樹　一生青春

120の言葉

# 本書について

今年五月十六日に三回忌を迎えた西城秀樹さん。その座右の銘は「一生青春」でした。本書は一九七四年（昭和四十九年）から二〇一六年（平成二十八年）までの、各月刊誌や各週刊誌に掲載された秀樹さんの膨大な単独インタビューと著書の中から、特に、秀樹さんの生き方を語った「美」と「愛」と「精神」についてセレクトした「言葉集」です。

幼年時代、少年時代、そして芸能界デビューからスターダムに登りつめるまでと、ようやくめぐり逢えた妻と愛らしい三人の子どもたちへの思い、病気による挫折、そして復帰までの喜びと哀しみの心情を語ったものです。特に心を打たれたのは二度の重い脳梗塞発症に、「いかなる運命でも受け入れる」と覚悟を決めた潔《いさぎよ》さでした。そこに、人と人との熱いつながりや、家族の深い絆が見えて、心が和まされます。それはまさに、私たちが希求する普遍的な「愛の姿」でした。

「ぼくがもし病気をしていなかったら……何十年も大事なことを見失ったまま、一生が終わってしまったかもしれない」。ありのままの自分をみつめ、前へ進んだ秀樹さんのメッセージは、私たちに生きる勇気を与えてくれるでしょう。

編集人

目次

装幀・本文デザイン――――岩瀬 聡

# 第一章

# 青春

## あなたが好きだ

Words of Hideki

# 1

朝日の中
そっとほほえむ
そんなあなたが好きだ

ぼくは　あなたが好きだ
ぼくのレコードに耳をかたむけ
ときどき　耳にかかる美しい髪をかきあげ
白いカーテンにあたる朝日の中
そっとほほえむ
そんな　あなたが好きだ

ぼくは　あなたが好きだ
泣きだしそうな空の下
雨が降らないことを祈りながら
美しい刺繍《ししゅう》のブラウスの胸の前で
そっと手を合わせ　ぼくを待つ
そんな　あなたが好きだ

## 2

ぼくは、あなたにとっては
夢と現実がからみあった
部分に存在して
いたのかもしれない。

おめでとう。結婚するんですね。

デビュー以来、ぼくのショーを欠かさずみにきてくれたあなたが、とうとう結婚するなんて。

とってもうらやましい。本当にそう思う。

「ぼくのことばかり思っていたんじゃないんだね」

って冗談をいったら、ポッと頬を赤らめてしまったあなた。本当におめでとう。

そして、まじめな顔で、ぼくをみつめ、

「夢をくれてありがとう」

といいましたね。

ぼくはそのことばを大切に、ここまで歌いつづけてきたのです。ぼくは、あなたにとっては夢と現実がからみあった部分に存在していたのかもしれない。

Words of Hideki

# 3

ぼくはぼくで
自分の青春に情熱をかたむけ、
力いっぱい生きている。
そのぼくを希望の対象として、
いっしょに夢をみてきたあなた。
そんなあなただから、幸せに
なってほしいのです。

あなたからみれば、ぼくは虚像《きょぞう》であり、実像であるかもしれません。でも、ぼくはぼくでしかありません。何度もいうように、家の中にひとりぼっちでいても、後楽園球場のはなやかなステージに立っても、ぼくはぼくです。

本当のことをいいます。

ぼくはぼくで自分の青春に情熱をかたむけ、力いっぱい生きている。そのぼくを希望の対象として、いっしょに夢をみてきたあなた。

そんなあなただから、幸せになってほしいのです。

いま突然、あなたが、

「夢をくれてありがとう」

なんていうものだから、ちょっと混乱しています。それに、調子も上ずっています。

Words of Hideki

# 4

青春というものは、
とまどったりしていたら、
すぐ過ぎさってしまいます。

ぼくは初恋の人に告白したおかげで、とてもいい思い出を学生時代に持つことができたんです。あなたの素直なその気持ちを相手に伝えれば、きっとあなたは納得がいくでしょう。

青春というものは、とまどったりしていたら、すぐ過ぎさってしまいます。もしかしたら、相手の人だって、あなたにいいだせないでいるかもしれないじゃないですか。ひとりで悩んだりしないこと。それに、万一、あなたの思いが通じなくても、決して相手をうらまないこと。それが本当の愛です。好きになることと、相手の自由を束縛《そくばく》することとはちがいます。あなたがその人を好きになっても、その人の自由を束縛するようなイヤな行為にさえ出なければ、きっとその人は、あなたに感謝するでしょう。

「ぼくを好きになってくれてありがとう」と。

Words of Hideki

# 5

たとえば、ことばも選びすぎると、
美しさが半減します。
それは、ことばというものが
場所を選ぶからだ。

◆さりげなく、口にしたり、交わしたりする言葉をとても大事にしていた。言葉を生き物と同じように、とらえていた。

Words of Hideki

# 6

ぼくは、いちばん美しいことばは、
「さよなら」と
「ありがとう」だと思う。

ぼくは、いちばん美しいことばは「さよなら」と「ありがとう」だと思う。

何もいわなくても、どこにも行かなくても、「さよなら」と「ありがとう」が素直にいえる人は素敵な人だと思う。

だから、もし何かの機会があったら、意識せずに「さよなら」と「ありがとう」を口に出してごらん。きっと、あなたの目が、表情が、そのときいちばん美しくなってるはずだから。

Words of Hideki

# 7

遊び半分でない、心をこめてやる「何かひとつのこと」をみつけ、そしてそれをつづけてやることによって、その女性の美しさが必ず出てくる、とぼくは思う。

才能がなくても、顔が美しくなくても、スタイルがそんなによくなくても、人に認められ、男性をひきつける方法があるんだ。

それは、勉強とか、仕事とかのほかに、自分が燃える「何かひとつのこと」を持つことだ。

人を真剣に愛することでもいい。読書を徹底してつづけることでもいい。毎日、少しずつ詩を書いていてもいい。

遊び半分でない、心をこめてやる「何かひとつのこと」をみつけ、そしてそれをつづけてやることによって、その女性の美しさが必ず出てくる、とぼくは思う。それは、本当に魔術のようなんだ。あっというまに美しくなるわけにはいかないけれど、ジワジワ、その美しさが身についてくるんだ。

ぼくは男だから、その美しさだけでは生きられないが、女性は、その美しさだけで十分生きられる。

Words of Hideki

# 8

ぼくの未来は大きく、はかりしれない。
まるで、宇宙のようなものだと思っている。

ぼくは三年後、どんな歌手になっているだろうか。五年後は、十年後は？　それは簡単に口に出していえるものではないと思う。それだけ、ぼくの未来は大きく、はかりしれない。まるで、宇宙のようなものだと思っている。

デビュー当時なら、

「あ、三年後ですか。そうですねぇ。レコード大賞とって、紅白歌合戦のトリをやって、そうですねぇ、外国曲なんかビシビシ歌ってるんじゃないですか」

などと軽くいっちゃうかもしれない。

自分の未来を想像することは、いまのぼくにとっては、とくに大事なことではないと思っている。音楽の世界は、とても大きく深い世界。それこそバッハ、モーツァルトからフォーク、ディスコサウンド、ロックまで、勉強しはじめたら、まったくキリがなく、つかみどころすらない。

とくにぼくは、〝音楽的飢え〟からはじまっているので、その欲望ははかりしれないのだ。

Words of Hideki

# 9

おかあさん、龍雄です。
自分の曲ができただけでもうれしいのに、
それがついに発売されたから、
ぼくはもう有頂天。レコード屋さんを
まわっては、「あのう、すいません。
西城秀樹の『恋する季節』おいてありま
すか」と聞いて歩いちゃったんです。

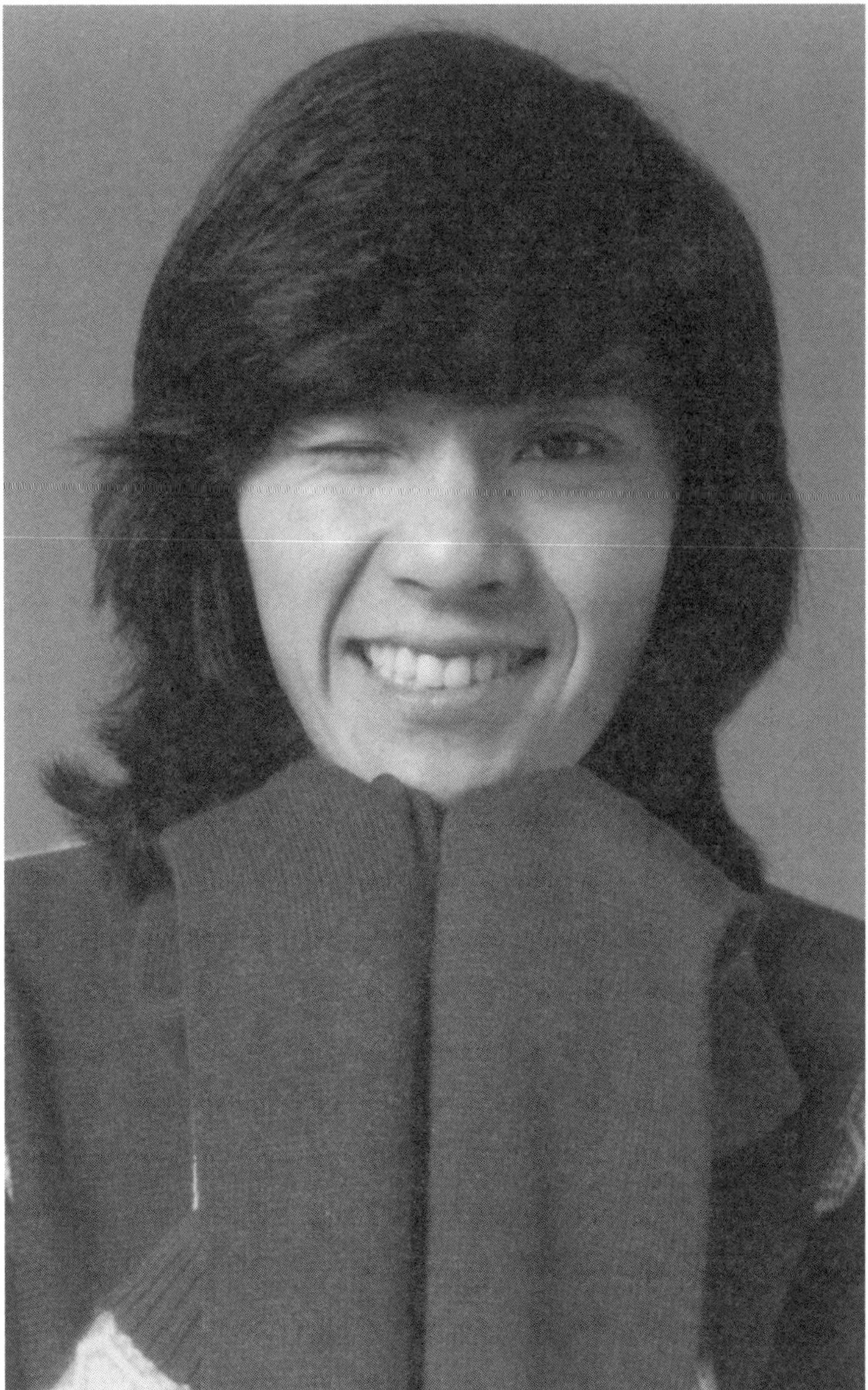

◆アイドルとしてブロマイド用に撮影された写真。たちまち「週刊明星」「週刊平凡」で人気スターになっていった。

Words of Hideki

# 10

ぼくはいま、青春のど真ん中。
まだまだ突きすすむつもりです。
どうか、よろしくお願いします、
なぁんちゃって。

レコード店でのサイン会ではじめてレコードを買ってくれた人、ファンクラブ第1号、第2号の人、デビュー当時からコンサートのたびに来てくれた人……。みんな、みんな、みんな、ありがとう。

こんなぼくをささえてくれたあなたに感謝の気持ちでいっぱいです。

でも、ぼくはいま、青春のど真ん中。まだまだ突きすすむつもりです。どうか、よろしくお願いします、なぁんちゃって。

Words of Hideki

# 11

考えてちゃダメだ。
やってみなくちゃね。

ぼくの歌は、ただ曲とか歌詞とかいうのではなく、ぼくの青春、ぼくの人生、ぼくの愛がこめられているんですから、その反応があると、とてもうれしいわけです。

いまの世の中、ぼく自身も含めて若い人たちは、なにかと悩みをかかえているでしょう。

愛にうらぎられ、傷つき、恋に破れ、死にたくなる。もう立ちあがれないほどのショックにいつも襲われている。

ぼくは、そんな人を歌を通して優しくつつんであげたい。白く暖かい、まるで真綿《まわた》のような愛で。立ちあがろうね、とびだそう、弱くなっちゃいけないよ、ってね。

そして、ひと言、必ずつけ加えてあげることにしてるんです。

「考えてちゃダメだ。やってみなくちゃね」

って。

Words of Hideki

# 12

人間は男でも女でも、何かに一生懸命うちこんでいるときの顔がいちばん美しいといわれている。ぼくもそうだと思う。

美しいというのにもいろいろある、とぼくは思う。

野菊は野原にひっそりと咲くから美しくて、花束になって花屋さんで売られていたって美しいものではない。

きれいな本は本棚に並んでいるから美しくて、床の上に放りだされていたのでは、だらしなくてみられない。

星や月は夜みるから美しくて、昼間みるものではない。都会にあるから美しいというものもあるだろう。また逆に、田舎にあるからすばらしいというものもある。だから、それだけをとりあげて、美しいとか美しくないとかは絶対に決められない、とぼくは思う。

人間の場合だって、そうだ。人間は男でも女でも、何かに一生懸命うちこんでいるときの顔がいちばん美しいといわれている。ぼくもそうだと思う。

その真剣な表情、ひたむきな表情は、人をひきつけ、心をうたせるのだと思う。

Words of Hideki

# 13

どんなに苦しくても、ぼくは負けない。
負けてたまるか。

◆レコード会社の宣材用として撮った。スタイリストはいたが、ファッションのセレクトは、自分で決めることも多かった。

Words of Hideki

# 14

一生青春。
ぼくは、この言葉を大切に、いまより次、
きょうより明日へ、つきすすんで
いきたいと思っています。

いま、ぼくの歌をつくってくれる人たち、聞いてくれる人たち、応援してくれる人たち。そして、ぼくを支えてくれる、おとうさん、お母さん、兄さん、姉さん。みんな、みんな、ぼくといっしょに生きてくれています。

うれしいんです。とにかく楽しいんです。

一生青春。

ぼくは、この言葉を大切に、いまより次、きょうより明日へ、つきすすんでいきたいと思っています。

みんな、ありがとう。がんばろうね。

そして、おかあさん、まだまだ心配かけるかもしれないけれど、よろしくな。

Words of Hideki

# 15

もし三十年、四十年後にもう一度ステージへあがることになっても、ぼくが仲間たち、そして青春をいっしょに過ごしたファンの人たちの中で歌うことができるのも、自分ひとりで試練に打ち勝ち、ここまで来たと思ってもいないからでしょう。

歌手の一生は勉強だ、ということに変わりありません。でも、その勉強が仲間たちといっしょだったら、もっと音楽を通して、ぼくというもの、ぼくの人生を、聞いてくれる人たちに伝えられると思うのです。

情熱、人をも巻き込む、大きく、熱い愛のハリケーン。ぼくはそんなものを持ったために、いま一生懸命、勉強しているのです。

もし三十年、四十年後にもう一度ステージへあがることになっても、ぼくが仲間たち、そして青春をいっしょに過ごしたファンの人たちの中で歌うことができるのも、自分ひとりで試練に打ち勝ち、ここまで来たと思ってもいないからでしょう。

さあ、みんなで歌おうよ、三十年前にはやった「YOUNG MAN」を。

さあ、きみはアメリカの国旗をふって、そう、そう。おっと危ない！

さあ、いくぞ!! ワン、ツー、スリー、フォー……

◆歌にとどまらず、常に新しいものに挑戦して心の〝引き出し〟を作っていった。人との出会いを大切にして、人生に生かした。

# 第二章

# 故郷

## 風を切って走れ

Words of Hideki

# 16

物心ついた頃は、映画の『ALWAYS三丁目の夕日』に描かれたような町並みが広がっていた。

ぼくが生まれたのは一九五五年四月十三日。日本は戦後の高度成長期に入っていた。生まれた場所は、広島県広島市の愛宕町《あたごちょう》。いわゆる下町で、ぼくが物心ついた頃は、映画の『ALWAYS三丁目の夕日』に描かれたような町並みが広がっていた。

ぼくの父・木本三郎《きもとさぶろう》は、自動車タイヤの卸商や雑貨店、輸入物を扱う店などを営んでいた。ビリヤードやパチンコ店を経営していた時期もあった。もともとは不動産屋で、一時は広大な土地を持っていたというが、浮き沈みの激しい人生だったようだ。

ぼくはその木本家の末っ子で、本名を木本龍雄《たつお》という。

力強く、雄々しく育ってほしいという気持ちを込めて名づけてくれた。

Words of Hideki

# 17

ぼくは赤ん坊のころからジャズを聞きながら育った。ぼくの音楽好きは、間違いなく父親の影響だった。

父親はジャズが大好きで、当時ほとんど普及していなかったステレオを、いち早く購入した。そのせいで、わが家には一日中、ジャズの音楽が流れていた。自分でもギターを演奏していたし、「ハミングバード」という高価なギブソンのギターを持っていた。

そんな環境にいたから、ぼくは赤ん坊のころからジャズを聞きながら育った。

ぼくの音楽好きは、間違いなく父親の影響だった。

Words of Hideki

# 18

母はそれを受け取ると「こんな高いものを、もったいない」そう言って、ぼくをたしなめた。「せっかく自分の貯金で買ったのに！」くやしくてしょうがなかった。すねて何時間も外にいたが、そのうち帰って家の中を覗くと、母はぼくが贈ったコンパクトを握りしめて、ただただ泣いていた。

母親のしつけは厳しかった。いけないことを二度繰り返すと、厳しくお仕置きされた。竹べラでぶたれたこともあるし、イタズラをして、雪の晩に外に放り出されたこともあった。そのお陰で、ぼくたち兄弟は、いいこと悪いことのケジメを、芯から知らされた。ぼくが小学三年のとき、母親の誕生日にコンパクトをプレゼントしたことがあった。何年もかかって貯めた三千円の貯金を全部はたいて買ったもので、当時の小学生にとっては、大きな大きな買い物だった。母はそれを受け取ると、「こんな高いものを、もったいない」そう言って、ぼくをたしなめた。母は内心、嬉しかったに違いないが、お金の使い方を教えたくて、心を鬼にしてそう言ったのだろう。「母さんなんか、嫌いじゃ」ぼくは夕食も食べないで、外に飛びだしていった。

「せっかく自分の貯金で買ったのに!」

くやしくてしようがなかった。すねて何時間も外にいたが、そのうち帰って、家の中を覗《のぞ》くと、母はぼくが贈ったコンパクトを握りしめて、ただただ泣いていた。

Words of Hideki

# 19

思い出に残るのが、いくつか仕切った皿に
ミニ・ハンバーグ、エビフライなどが
のっていて、茶碗をふせたようなチキン
ライスの上に旗が立っている
お子さまランチ。これは、おかあさんが
ぼくの誕生日パーティにたくさんの子を
集めてはつくってくれた。

◆間もなく中学校へ入学する小六の頃のスナップ。「お兄ちゃん」と慕う近所のチビちゃんと。故郷広島の愛宕町は、広島駅からわずかの距離にある町だ。子どもから少年へ変わっていく時代の微妙な心の中が、少し見えるような表情だ。

Words of Hideki

# 20

小学校五年生になって三歳上の兄、そして兄の先輩達とバンド「ベガーズ」を結成しました。この頃、もうミュージシャンになりたいと思ってました。そしてロンドンに住みたいと。

ぼくが四年生の頃、ベンチャーズによってアメリカのイーストサウンドが入ってくると、兄とぼくはさっそくエレキギターを始めました。兄はそのまま続けたんですが、ぼくはまた途中で飽きるんですね。そんな時、音楽教室でドラムセットを見つけたんです。面白がってパンパン叩いてるうちに「これだ！」と思って。その上、たまたまお袋と一緒に石原裕次郎さんの「嵐を呼ぶ男」を観て、完全にドラムにはまっちゃったんですね。

小学校五年生になって三歳上の兄、そして兄の先輩達とバンド「ベガーズ」を結成しました。ボーカルはもちろん先輩で、ぼくは常にドラムを叩きながらハモリをやってました。この頃、もうミュージシャンになりたいと思ってました。そしてロンドンに住みたいと。やっぱりビートルズの影響でしょうね。それと夏休みによく岩国の従兄弟の家へ遊びにいって、米軍キャンプでミュージシャンの演奏を見てたんです。だから当時のぼくは、日本のポップスにはあまり興味を持ってませんでした。

Words of Hideki

# 21

小学校に、蝶ネクタイして、ブレザー着て、半ズボンはいて、革靴はいてかよったのは、ぼくぐらいじゃないかな。

広島時代といえば、ぼくはこどものころから、ずいぶんオシャレだったんですね。小学校に、蝶ネクタイして、ブレザー着て、半ズボンはいて、革靴はいてかよったのは、ぼくぐらいじゃないかな。

ハンカチが汚れてもイヤだったし、靴が汚れていたら、もう学校に行きたくなかった。いま考えてみても、異常なほど身ぎれいだったみたい。運動靴など、洗たくが間に合わないから、ふくぐらいで汚れを落としてあると、もう納得しない。

「学校へ行かないよ。靴が汚いもん」

これじゃ困ったろうね。

ひどいときは、自分で靴屋さんに行って、新しい運動靴をツケで買ってきちゃう。運動会なんかあるときは大変。必ず体操着を二枚用意しなければ気がすまないんです。

ヨーイ・ドンでかけっこして、転ぶと、すぐに着替えですよ。なんと潔癖症だったのでしょう。いまは、そんなことはないのにね。

# 22

当時の広島はイギリスで言えばリバプールみたいな町だった。港町だから、海外の情報がいち早く入ってきたし、近くに岩国の米軍基地があったから、戦後すぐからバリバリ最新の洋楽が聴けた。

そんなホンワカした中で過ごした少年時代だったけれど、実はうちの近所はけっこう凄い。皆さんも広島はアーティストが多いってことぐらいはご存知かもしれないけど、あの永ちゃん、矢沢永吉さんの家なんか、ほんの500メートルくらいのところだ。本気でシャウトしたら聴こえちゃうかも。

ファッションデザイナーの三宅一生さんの実家は同じ町内の果物屋さん。ご本人にはまだ話したことがないけど、よくツケで果物を買っていた。今度会う機会があったら、ちゃんと白状しないと。三宅さんちのミカン、本当に美味しかったし。

吉田拓郎さんとも、デビュー前からの知り合いだった。当時から拓郎さんは広島のアマチュア界では有名で、ヤマハやカワイのコンテストでしょっちゅう顔を合わせていた。

デビュー後に会ったときにも、「おお、木本《きもと》じゃないか」ってぼくの本名を覚えていてくれた。

笑っちゃうのは奥田民生。いつだったか雑誌の取材で母校を訪問する企画があって、そのときにぼくの足にまとわりついていた小学生が民生だったらしい。あとで本人にその話を聞き、写真を見せてもらったら、確かにそれらしいちっちゃい民生が写っている。「なんだ、これお前かよ」って大爆笑。

当時の広島はイギリスで言えばリバプールみたいな町だった。港町だから、海外の情報がいち早く入ってきたし、近くに岩国の米軍基地があったから、戦後すぐからバリバリ最新の洋楽が聴けた。町全体に活気と自由な空気がみなぎっていたんだよね。そんな空気に背中を押されて、永ちゃんも拓郎さんもぼくも広い世界に飛び出すことができたんだ。

◆デビュー直前、レコード会社の宣伝部で撮ってもらった。自信はあったものの、不安も同じようにあった。

Words of Hideki

# 23

ぼくは弱い者にしか
いばれないヤツは
大キライです。

ぼくがガキ大将だったのは有名。ケンカもよくやったし、殴ったり、殴られたり……。ただ、無鉄砲でいたずら好きのぼくだったけど、いまでも自慢できるのは、絶対に弱い者いじめをしなかったことです。

だから、ワルにいじめられた友だちが、みんな泣きながらとんできたものです。ぼくは（よし、まかしとけ）と、さっそうと肩で風切って、ワルのところへ乗りこんでいったのです。マンガのヒーローみたいだったんですね。

十五人の番長連合を相手に、殴ったり、殴られたり。気がついたときは、手洗い場で長々とのびていたこともありました。

からだはすみずみまでズキズキ痛く、徹底的にたたかれ、顔ははれて、これが自分の顔かと思うほどでした。

でも、ぼくは弱い者にしかいばれないヤツは大キライです。翌日の放課後、また番長連合にたちむかい、前日の借りを返しました。

Words of Hideki

# 24

潮風をあびながら、ホッカホカのご飯を
腹いっぱい食べ、甲板に寝ころがって
ダべっている瞬間など、たまらない。

ぼくは瀬戸内海育ちだから、魚のうまさは忘れられない。

ポンポン船を借りて、沖へ出るのが楽しみだったんだ。友だち四人ぐらいで、それぞれ自分たちのハシと茶わんを持って乗りこむわけ。そして、沖のほうへ行って網をバァーッと張って、サッと魚やエビなどをすくってとるんだ。

エビは、生きたままパッと食べちゃうし、小魚は、丸ごと入れて炊きあげるまぜご飯。米や調味料は船に用意されていたから、もう、おいしくって。ああ、もう一回食べたいなぁ。

潮風をあびながら、ホッカホカのご飯を腹いっぱい食べ、甲板に寝ころがってダベっている瞬間など、たまらない。暑くなると、まっ青な海に飛びこんで、ひと泳ぎ。いまでもきれいな瀬戸内海だけど、当時はものすごくきれいで、魚などもとてもおいしかったから、この思い出は最高だ。

Words of Hideki

# 25

音楽的に飢えていたぼくに、兄さんをはじめ、たくさんの仲間たちが影響を与えてくれたことには、いま思い出してみても感謝！　感謝!!

中学三年から高一の最初まで、こんどは、ぼくよりふたつ上の人たちといっしょになって「ジプシー」というバンドをつくった。これは、ヤマハのライトミュージックの第一回、第二回に出たりした。

この人たちは、ぼくの音楽的飢えを満たす努力をしてくれたように思う。外国からミュージシャンが来れば必ずさそってくれたり、会うたびに音楽の新しい知識を与えてくれた。

いま思い出してみると、ひとりはリードギターで質屋さんの息子。質流れのギターなんか、いつも日をギンギンにしてねらっていた人だったね。それに、サラリーマン家庭の人、うどん屋の息子……。

ともあれ、音楽的に飢えていたぼくに、兄さんをはじめ、たくさんの仲間たちが影響を与えてくれたことには、いま思い出してみても感謝！　感謝!!

Words of Hideki

# 26

（ぼくには両親がいる。兄がいる。
それに学校だって途中だ）
（しかし、このチャンスをのがしたら、
二度とめぐってこないかもしれない）

「ジプシー」は順調に育っていった。

このバンドから、放浪者たちのバンドになったわけだが、ぼくは増々バンドに熱中していった。メンバーもふえ、ますますぼくのドラムと歌の音楽的センスは高まっていった。ベンチャーズのナンバーや、サンタナなどをビンビン演奏して、一躍、広島市内の人気バンドになっていた。

そんなある日、東京から来た芸能マネージャーに声をかけられた。

「きみにはすばらしい才能がある。東京で本格的に音楽の勉強をやってみないか」

といわれたのだ。さすがのぼくも動揺しちゃった。たしかに歌は大好きだし、ぼくの青春をぜんぶ投げだしても惜しくないとは、「ベガーズ」結成のときから思っていたんだけど、いざとなると、いろいろなことが頭の中をかけめぐってくる。

(ぼくには両親がいる。兄がいる。それに学校だって途中だ)

(しかし、このチャンスをのがしたら、二度とめぐってこないかもしれない)

Words of Hideki

# 27

おとうさんのいってることは正しいかもしれない。でも、ぼくの考えていることのほうがもっと正しいと思う。だって、生きるのはぼくだし、青春を生きぬくのもぼくなんだから。

兄さんはやっぱりぼくを激励してくれた。しかし、両親、とくにおとうさんは猛反対だった。

「そんな勝手なマネは、わしが許さん」

そのまっ赤な顔は、いまでも忘れられない。いくらぼくが説明しても、ガンとして許してはくれなかった。それどころか、ぼくがひとりで家出をするといけないので、二階の部屋に閉じこめてしまったのだった。

(おとうさんのいってることは正しいかもしれない。でも、ぼくの考えていることのほうがもっと正しいと思う。だって、生きるのはぼくだし、青春を生きぬくのもぼくなんだから)

そう思った。そして何より
(あのとき、歌手になれるチャンスがあった)

という後悔を一生、持ちたくなかったのだ。

ちょうど監禁三日目の夜。ぼくは、わずかのスキをついて、二階の窓から外へ脱出した。

# 28

東京に旅立ったとき、ぼくは十五歳だった。
「歌手になるために、今夜の夜行列車で、
東京に行くから」
仲のよい友達にはそっと教えたのだが、
「何するんだよ。ウソだろ」
誰も信用しなかった。

◆意思の強さを感じる中学三年生の記念写真。兄たちのバンドでドラムを担当。芸能界への夢はますます膨らんでいった。

Words of Hideki

# 29

ぼくは夜行に乗った。窓の外には、沿線の家々の明るい灯りが流れていった。

(おとうさん、おかあさん、兄さん！)

思わず呼んでみた。列車の中には、疲れきった表情で眠っている人たちがたくさんいた。ぼくは疲れていない。

(これからだ。これから、ぼくの青春がはじまるのだ)

◆デビューした昭和四十七年はフォークの大ブーム。歌謡界では花の中3トリオの山口百恵、桜田淳子、森昌子が人気を。

◇芸能誌、女性誌からの取材が殺到し、たちまち人気スターになり超多忙な日々が続いていった。線路の向こうは広島かな?

# 第二章 未来へ

ヤングマン

Words of Hideki

# 30

十五歳のときに、東京に出てきました。最初は居候生活だったんだけど、与えられたのが二畳くらいの三角形のおかしな部屋。

十五歳のときに、東京に出てきました。最初は居候生活だったんだけど、与えられたのが三畳くらいの三角形のおかしな部屋。広島ではぼっちゃん育ちだったんで、驚きましたね。その次に住んだのは、もう少しまともな部屋だったんですけど、お宅拝見みたいなテレビの取材が来たときに、布団にシーツもかかっていないのがバレちゃって。一応アイドルだったんで（笑）、あっというまに全国からシーツが送られてきました（笑）。まあ、そんな時代もあって、今の自分があるんだと思っています。

Words of Hideki

# 31

「帰ろうかな、広島へ」

両親と離れての生活でいちばんこたえたのが、食事だった。昼食はなんとかなるんだけれど、耐えられないのが夕食。

各家庭に電灯がともりはじめると、ぼくはもう、あの暖かい家庭の匂いが恋しくて、どうしようもなかったのだ。

広島にいれば、どんなに暴れて帰ってきても、どんな時間に帰ってきても、おかあさんは、ぼくがきょう、何を食べたいのかちゃんと知っていて、いつだってテーブルの上に好物を用意してくれていた。

「帰ろうかな、広島へ」

と本気で思ったこともあるくらいだ。

Words of Hideki

# 32

「違う、そうじゃないんだ。ちゃんと良くしてもらっているんだよ。頼むから、頼むからここに居させてくれ。ぼくはここでがんばりたいんだ」

父親は歌手という仕事に対して、いいイメージを持っていなかった。

「趣味でやるのはいいが、歌手で食っていくのはおかしい。まともな仕事につくべきだ」

あくまでも頑固で、この考えはぼくが三十歳半ばになるまで変わらなかった。

上条さんのお宅にまだ居候しているとき、一度、両親が挨拶に来たことがあった。デビュー曲の「恋する季節」を出したばかりのころで、まだ三角部屋で寝ていた。台所に足を投げ出して寝ていることを知って、「連れて帰る!」親父はすごい剣幕でぼくの首根っこを捕まえ、引きずるように玄関から出そうとした。親父にしてみれば、広島では十畳の広い部屋で何不自由なく暮らしていた息子が、小さなアパートの板の間で、貧相に暮らしている、そのことが我慢ならなかったのだろう。「違う、そうじゃないんだ。ちゃんと良くしてもらっているんだよ。頼むから、頼むからここに居させてくれ。ぼくはここでがんばりたいんだ」必死だった。ここで返されたら、この先の人生はないと思えた。

泣きながら訴えていたら、母親が父をなだめだした。

Words of Hideki

# 33

母親は生来、病弱なほうで、よく病院通いをしていた。そんな母親を広島に残して上京したことに、少なからず負い目を感じていた。母のことが気になって、眠れぬ夜を過ごしたこともあった。

◆1974年（昭和49）、デビューして3年、ホームドラマ「寺内貫太郎一家」に寺内家の長男・周平役で出演。父親役の小林亜星とのプロレスまがいの壮絶親子喧嘩で大ブレイク。

Words of Hideki

# 34

母親はこどもに人間の優しさと愛を教え、
父親は人生のきびしさを教える――。

ときどき、

「おい、苦しくないか。苦しかったら苦しいというんだぞ。我慢なんかしてたら、こんどこそ承知せんからな」

と、おとうさんの荒っぽいことば。

このとき、ぼくは、だれよりも心配してくれていたおとうさんの愛情を知ったのでした。豪放《ごうほう》で、男らしいおとうさんを好きになったのは、そのときからです。いまでは、ときおり、電話でおとうさんの声を聞きます。晩酌《ばんしゃく》をしているせいか、相変わらずことばが乱暴だ。

「こら、龍雄、なぜ電話をかけてこんのだ。お前は、おとうさんがこんなに淋しがっているのがわからんのか。こら、なんで黙ってる。おい、こら!」

こんなときは、ぼくは何もいえなくなってしまいます。父親の意見にさからって入った芸能界だけど、いっしょに暮らしたいおとうさんの気持ちもよくわかるからです。でも、ぼくは歌手の世界へ、自分で決めて入ったんだ。男なら、自分の好きな世界で勝負するのが当然だろう?

ぼくは、おとうさんにいつまでも叱られるダメ息子でいるほうが、本当はいいのではないかとさえ思っています。

つい最近、「こどもができたら、どう育てるか」というインタビューを受けました。

まだ結婚もしていないのに、ヘンな質問でしたが、ぼくはこどもがもし男だったら、徹底的にきびしく育てると答えてしまいました。

そして、こんなこともつけ加えておきました。

「そうだね、小さいころは、こどもに嫌われ、こどもに恐れられる父親になりたいね」と。

どうでしょう。まるで、おとうさんとぼくの関係をいってるみたいでしょう。

母親はこどもに人間の優しさと愛を教え、父親は人生のきびしさを教える——。これが今日のぼくの結論です。

いい父親になりますよ、龍雄くんは。

◆父、木本三郎さんは、広島では有名な実業家として成功した人だった。厳しいしつけと教育にもかかわらず、末っ子の秀樹は終生、父を愛してやまなかった。

Words of Hideki

# 35

初めて〝自分の城〟を持ったのは十九歳の時です。赤坂（港区）の2LDK。「ぼくの部屋だーッ」って、もう嬉しくて嬉しくて。

初めて〝自分の城〟を持ったのは十九歳の時です。赤坂（港区）の２ＬＤＫ。「ぼくの部屋だーッ」って、もう嬉しくて嬉しくて。ここでもまた助けられるんですよ。マネージャーの奥さんがよく食事を作りに来てくれたんですけど、毎日ってわけにはいかないから、ちょうどマンションの真ん前にオープンした「結城」っていう和食のお店に行き出したんです。店のご主人がぼくのこと知ってくれて、「君、西城秀樹だろ。頑張れよ。お前が大人になったら、俺達がタキシード着て観にいくような歌手になってくれよ」って励ましてくれてね。たまにぼくが行かないと様子を見にきてくれて、ぼくが風邪で寝込んでたら、お粥作ってくれました。それが、あの〝お料理の結城貢《ゆうきすすむ》さん〟なの。

Words of Hideki

# 36

自分でこれだって思ったときには突っ走っていかないとダメ。突っ走った結果、失敗しても、それは失敗じゃない。必ず次へのステップになる。

ヒデキが「Y.M.C.A.」に出会ったのは'78年、ハウスのポテトチップスのCM撮影でロサンゼルスにいたときだった。

車のラジオから流れてきたのを聴いた瞬間に「これだ！」って思った。自分でも結構カンはいい方と思ってるけど、あれほどピンときたことは空前絶後だった。

ところがレコード会社プロダクションもこぞって大反対。理由はゲイに関する曲だから絶対に売れないっていうことだった。

当時ヒデキも若くて、怖いもの知らずだったから、ダメ出しした奴らを見返してやる！　ってゴリ押しして、発売してしまった。

その後はみなさんご存知のとおり。「ヤングマン」は社会現象にまでなった。

やっぱり自分でこれだって思ったときには突っ走っていかないとダメ。突っ走った結果、失敗しても、それは失敗じゃない。必ず次へのステップになる。

Words of Hideki

# 37

「YOUNG　MAN」の大合唱のときは、もうぼくは光の中にいました。Y、M、C、A、と声をかぎりにさけべばさけぶほど、その光は美しくなっていったのです。

ぼくはステージに腰かけて、最前列に座っているファンのひとりを呼びました。そして、彼女の白い指をにぎりながら歌いはじめたのです。

するとまるで光の輪のように、ぼくの指先のオーロラは、彼女の美しい腕から胸へ輝きわたるのでした。そして、みつめあった瞳と瞳は、ちょうど少女劇画の主人公たちのようにクリスタルの光になったのでした。

彼女は驚いたのかもしれません。目をそらし、手をひこうとしました。

（やっぱり、心のオーロラだ）

ぼくはそう確信すると、心をこめて歌いつづけました。ふたたび舞台にもどると、ありったけの情熱をふりしぼって歌いました。「YOUNG MAN」の大合唱のときは、もうぼくは光の中にいました。Y、M、C、A、と声をかぎりにさけべばさけぶほど、その光は美しくなっていったのです。

# 38

「YOUNG MAN」も、実は最初、みんな反対したんです。ぼくはこれだ！と思って。プロデューサーの家まで原曲を持っていって、歌ってみせて、説得した。結果として、あっという間にオリコン一位になりましたけど、ヒットというのは他人がつくるんじゃない、自分でつくるものなんだと強く感じましたね。

◆YMCA

Words of Hideki

# 39

トップを目指して、いざトップになったらば、あれ、この先どう走るんだろう、って戸惑いもあった。

十六の時から、環境や人材に恵まれてスタートしたでしょ。マラソンで、十位に入れるかなと思って走ってて、入れたら、次の大会は五位までに、そんな感じでした。そうしてトップを目指して、いざトップになったらば、あれ、この先どう走るんだろう、って戸惑いもあった。それで、タイムが出されてね、あなたは日本ではトップです、でもアメリカの誰それはこのタイムで、そこからいくとあなたは五十位ですね、というようなことなんですよ、ぼくらのやってることは。形の上じゃなく、その人のやっていることでトップかどうかを判断されるべきものだと思うんです。

Words of Hideki

# 40

好きな色は白……
美しい言葉だと思いますよ。

昔発表した『誰も知らなかった西城秀樹』という本を、この間読んでみたんです。どんなこと考えてたのかなと思って。その中に、好きな色は白、という部分があったんですよ。その理由が、白はすべての色の基本だし、どんな色にも染まることができるからだったんです。それ見て、オッ、大人の表現してるなあ、なんて感心しちゃいましたよ（笑）。

今でも白は好きな色には違いない。ただ、今同じ質問をされたら、同じように答えるかどうかはわからない。

好きな色は白……美しい言葉だと思いますよ。でも今は、内に秘めてだいじにしている白は好きだけど、人前で口にはしないんじゃないかと思います。当時、本当にわかって書いたのかな、って逆に自分に疑問をもっちゃいましたよ。ただ、純白な状態で道を歩み続けようという精神はいつまでも失くしちゃいけないと思いますけどね。

Words of Hideki

# 41

テレビに出ないと売れなくなったと
思われるからって、ぼくは吉本興業やる
わけにはいかない。

テレビで最近見ないね、という人もいます。でもいまテレビはニュースとお笑いが中心でしょ。テレビに出ないと売れなくなったと思われるからって、ぼくは吉本興業やるわけにはいかない。バラエティに出てイロ物をやれば、人気は出るかもしれないけど、それは一時的なものでね。バーッと出て、バーッと売れなくなるってのはもっとつらいものなんですよ。

けっこう誘いはありましたよ。バラエティとかドラマとかね。でも自分のコンセプトに合えば、歌以外でも（テレビに）出るってのはありますけど、あくまでアーチストとしての本筋を忘れることはできない。ファンもそれを希望してますよ。

Words of Hideki

# 42

高い服でも高く見えないように頭使って着こなしてるつもりですけどね。

ＴＶドラマ『ホームスイートホーム』の打ちあげパーティーに着た服が、最高だった。アルマーニでバチバチに決めたんだけど、上から下まで五十万円ぐらいしたかな――。

パンツはハイウエストみたいになってて革のサッシュがついてる。シャツはワインと紫の細かいチェックで無地に見えるぐらいのものに、シャツよりちょっと明るめの色のタイをぶらっとさせてみたりして。それにジャケット、これが最高に気に入っててかわいいんだな。ダブルのぶかっとしたデザインでひざ丈ぐらい。こげ茶とワインの混ざったようなぼけジマでね。アクセサリーはカルチェの新型時計だけ。これは八十万円ぐらいだったかな。

高い服でも高く見えないように頭使って着こなしてるつもりですけどね……。

Words of Hideki

# 43

ぼくと野口五郎くん、郷ひろみくんの二人が「新御三家」と呼ばれるようになったのは、少女向けの雑誌「セブンティーン」（集英社）の記事がきっかけでした。

◆TBS系の超人気歌番組『ザ・ベストテン』では常に常連だった。人よりいかに目立つかをいつも考えていた。

Words of Hideki

# 44

あの頃は、それぞれのファンの間で競争心があったかもしれませんが、ぼくら三人の間にライバル意識はまったくありませんでした。三人三様で歌の路線も違い、むしろ仲間意識のほうが強かったといえます。互いのよさを認め合っているクラスメイトのような感覚でしょうか。

◆芸能界は新御三家のパワーに圧倒された。ひときわ目立ったのは全身でシャウトする秀樹のノンストップパワーだった。

Words of Hideki

# 45

邦楽にはあまり興味のなかった人が、三人が出てきたことで変わってきた、そのスタートだったと思う。

ぼくたち以前には、まだアイドルって言葉もなかったくらいなんで、当時はいわれてもピンと来なかったんですよね。確かに、たまたま新御三家とかいわれて、色でいうならぼくが黒、（野口）五郎くんがオレンジ、（郷）ひろみくんが淡いピンクという感じで、パッケージのようにイメージを作り上げられた時期はありましたよ。でもぼく自身は、芸能界に入っても学生時代からやってたロックミュージシャンとしての感覚が強かったので、あまりそれには染まらなかったつもり。自分ではね。当時は音楽の変動期でもあって、ロカビリーともGSとも違う、新しい邦楽のジャンルを手探りで作っていった時代なんですよ。だから洋楽リスナーから移行してきた男性ファンもけっこう多くて、たぶん邦楽にはあまり興味のなかった人が、三人が出てきたことで変わってきた、そのスタートだったと思うんです。

Words of Hideki

# 46

三人いたからここまでやってこれたな、
って気もするんです。
もしもひとりだったらどうだったかと。

今でいうアイドル歌手になったのはぼくらが第1号でしょうね。三人に運命共同体みたいな意識があったと思います。どの仕事でも一緒だったしね。仲は良かったけど、何かにつけ比較されたりしてつらかった時期もあったと思いますよ。個性はちがうから。今でもゴルフやるとその性格のちがいは出ます。ひろみは打ってOBでもアッハッハッて笑い飛ばす。五郎は練習してないと言いながら、こっそり家でパターなんか握ってる。ぼくは後半になって急にプッシュして行く。

それぞれタイプがちがう。でも三人いたからここまでやってこれたな、って気もするんです。もしもひとりだったらどうだったかと。

Words of Hideki

# 47

「ぼくにもくじけるときはあるけど、
くじけていてもしようがないから、
乗り越えようぜ」

デビューの頃からのファンの人たちって、もうだいたい結婚なさってる年齢でしょ。いただいた手紙なんか読むと、すごく素敵に生きているんだなあと思ったり、壁にぶつかって悩んで苦しんでるんだなって思ったり、いろんなことを考えさせられますね。この間、男だけで集う会っていうのをやったんですよ。上は三十五、六歳から二十五歳ぐらいまでの人たちで、大学の教授をやっている人もいればファッション業界で活躍している人までさまざま。中華料理店でお酒を飲みながらざっくばらんにお互いの悩み事とか話したりしたんだけど、みんな一人ひとりの悩み事に真剣な目つきでうなずきながら聞いている姿を見て、本当に社会人になってそれぞれ苦労してるんだなあってあらためて感じましたね。その中でも秀樹にはずっと一緒につっ走っていて欲しいっていう思いが伝わってくるんですね。だから「ぼくにもくじけるときはあるけど、くじけていてもしようがないから、乗り越えようぜ」って、最後にみんな酔っぱらってましたけど（笑）。みんな道は違うけど、どこにいても思いは一つでずっと一緒に同じ時代を生きてきたんだなって感じありますよね。

Words of Hideki

# 48

ぼくのアキレス腱は情にもろいところ。ぼく自身もほんとは人一倍弱いから、逆に自分にムチ打ってるところがあるのね。それが他人のことになると、「そんなにしなくていいんじゃない？　休めよ」とかさ、そうなっちゃう。すぐ涙がでてきちゃうわけ。

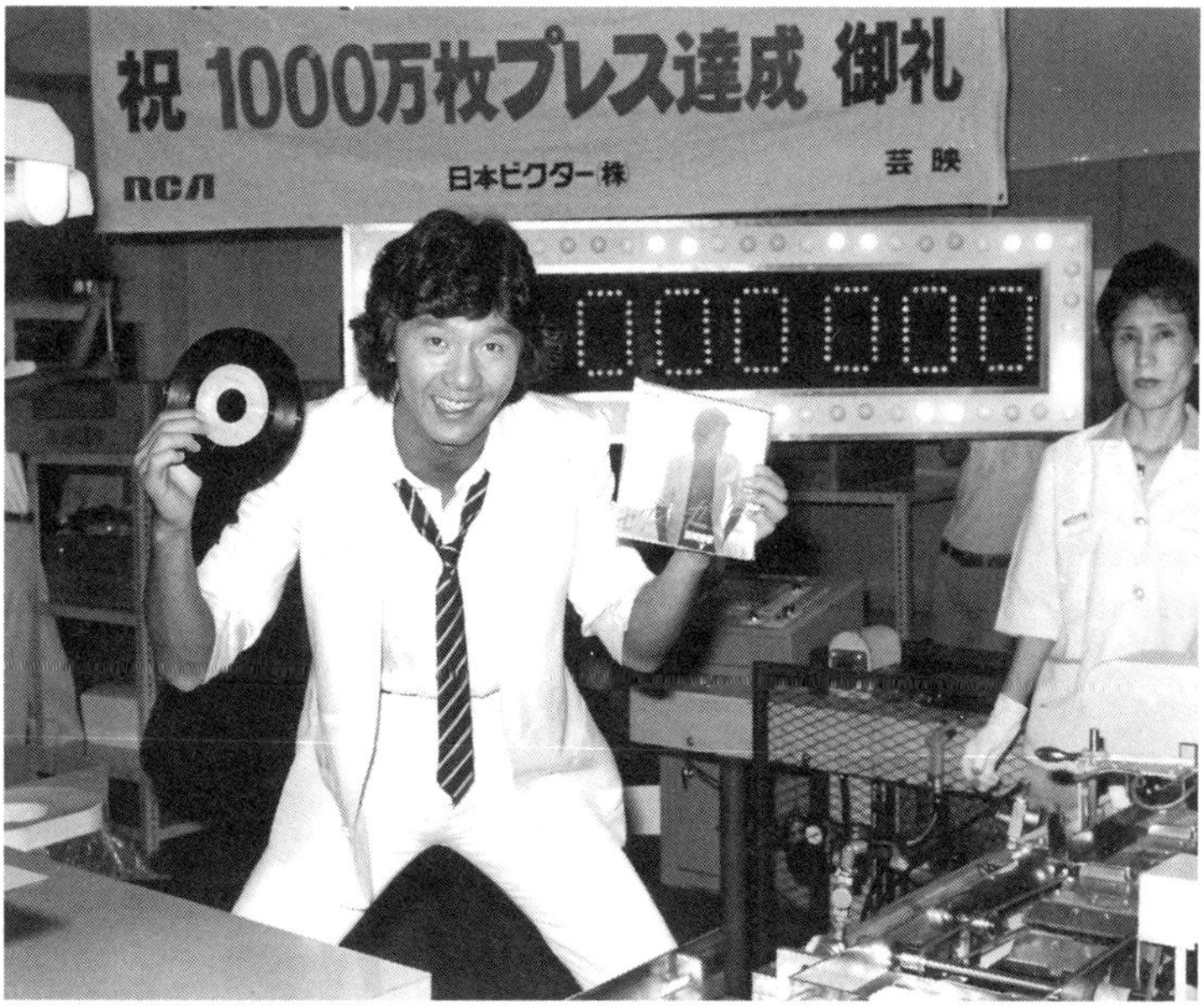


◆1981年（昭和56）デビューから9年目にして、早くも1000万枚のレコードヒットを達成した。レコード会社のレコードプレス工場で1000万枚目をゲット。

Words of Hideki

# 49

一生音楽、それができたら幸せな
人生だと思ってます。

やっぱ音楽で励まされたり、音楽でリラックスしたりの人生だったんで。なるべく人にもそれを伝えたい。いい音楽を聴いた時にはそれを自分の世界でできたらなって努力してるんです。ま、変に悩まないで音楽作りしたいなっていうのが素直なところで。するなっていっても悩んじゃうでしょうけど。だけどそれも楽しんでいきたいですね。一生音楽、それができたら幸せな人生だと思ってます。例え自分がある年齢になって歌を唄えなくなっても、音楽には関わってるでしょうね。やっぱり音楽にエネルギーをもらってるんで、もらったエネルギーは皆に分けてあげたいですから。

Words of Hideki

# 50

人の信頼を得るためには、自分が努力し、
いい人間関係を作っていくしかない。

デビューして十年は、人が作る流れに乗り、その中でがむしゃらに走ったりあがいたり……という感じでした。十代で冒険をし、二十代は仕事という旅をしながら、厳しさも含め、この世界のことを少しずつ学んでいった。本当に自分で物ごとを判断できるようになり、大人としての第一歩を踏み出せたのは、二十八歳でそれまでの事務所を離れ、独立してからです。

独立して痛感したのは、人間は一人で生きているわけではない。いい仲間、いい人脈がなければ、いい仕事はできないということです。独立した以上、人脈を作るにも、自分からアクションを起こさなくてはいけない。人の信頼を得るためには、自分が努力し、いい人間関係を作っていくしかない。若い頃はすべてが用意されていたので、そのあたりがわかっておらず、わがままな行動もあったと思います。でもすべてが自分にかかっていると気づいてからは、言葉遣いも人との接し方も変わりました。

◆1986年（昭和61）東宝映画の主演作「傷だらけの勲章」ロケの撮影でエジプトへ。俳優としても脂が乗ってきた時代だ。

第四章

# 恋と愛

人生の意義

Words of Hideki

# 51

若い頃は、恋愛の延長線上に必ず結婚があるような気がしていましたが、四十を過ぎると、必ずしもそうではないと思うようになりました。

若い頃は、恋愛の延長線上に必ず結婚があるような気がしていましたが、四十を過ぎると、必ずしもそうではないと思うようになりました。恋愛というのはお互いに距離があるから、素敵に見せようと気張る部分がある。だから刺激的だし、そこが恋愛の醍醐味かもしれません。でも結婚は生活だから、何より相性が第一だと思います。

父がある時、「最初は好きじゃなくても、結婚したらだんだん好きになるもんだ」とぼくに言ったことがあります。ぼくがいつまでも結婚しないのを心配して選り好みをしているんじゃないか、容姿で女性を選んでしまい、結果的に相性が合わないのではないかと、たしなめるつもりだったのでしょう。

Words of Hideki

# 52

恋って、見返りを期待する。
でも、愛は見返りがなくてもいい。

よく恋ってギブ・アンド・テイクっていうでしょ。不思議なもんで、ぼくって尽くしてもらうと、そのありがたみで、尽くしてくれる部分をさらに包んであげたいと思っちゃうの。

〝恋にはいつか終止符があるけど、愛は永遠〟だと思う。恋ってのは、電話がかかってこないとか、見返りを期待する。でも、愛は見返りがなくてもいい。

Words of Hideki

# 53

人に言わせるとぼくは
面食いじゃないんだって。

気持ちのかわいい女《ひと》がいいね。年上であっても歳下でもいいから、ぼくに尽くしてくれる女《ひと》がいい。顔はま、美人に越したことはないけど（笑）、あんまりこだわらないね。気持ちがかわいいと、だんだんその女《ひと》がいちばんきれいに見えてくるもの。人に言わせるとぼくは面食いじゃないんだって。今恋人ができて、デートすることになったら、すごく眺めのいいレストランでワイン飲みながら話したりするのが好きなの。そうかと思えば、明日はお好みやき食べに行こうよとかね（笑）。バラエティーに富んだほうが好き。

Words of Hideki

## 54

素晴らしいだけの人なんて
この世にいません。

ある年齢になって気づいたんですけど、男性は女性によって、男性としての振る舞いをさせてもらっているんですね。それがわかってから、女性に対して以前より優しくなったというか、思いやれるようになった。そのあたり、年の功というか、恋愛を重ねてくるなかで学習したことかもしれません。

結局、相手の気持ちを心に描くイマジネーションこそが思いやりであり、それさえ持っていれば、どんな人とでもそこそこうまくやっていけるのではないか。最近はそんなふうに思っています。

もちろん、相性というものはあります。どんな人でも欠点も長所も両方持っているわけで、素晴らしいだけの人なんてこの世にいません。相手の嫌な面を引き出してしまうか、いい面が大きく前に出てくるか。

Words of Hideki

# 55

人を好きになった。でも、相手の気持ちがわからない。思えば思うほど、その思いはつのる——そんなことがあるでしょう。もう会わなければいいんだと、こんどは逃げると、よけいに会いたくなってしまう。もう、それは完全な恋なんですね。

◆ある雑誌のインタビューに男と女の関係を「野球のピッチャーとキャッチャーの関係」として答えていた。

Words of Hideki

# 56

実は二十代の半ば頃、ある女性と結婚直前までいったことがあるんです。

実は二十代の半ば頃《なか》、ある女性と結婚直前までいったことがあるんです。本当に好きだったし、一緒になるならこの人しかいないと思っていたのに、結果的には別れてしまった。ひとことで言うと、事務所の意向に従って、彼女より仕事を選んでしまったんです。

指輪を返してほしいと言った時、どれほど自己嫌悪に陥ったか。「けじめをつけるために、男ならそういうべきだ」スタッフのその言葉を鵜呑みにして、本当は言いたくもない台詞を口にしたのですから。しばらくは、食事もろくにできない状態でした。はたして、あの時の選択が正しかったのか。なぜ、彼女を選ぶ勇気がなかったのか。自分を責めたなんていうものじゃない。とても言葉では言い尽くせないほどです。結婚を断念した以上、それ以降のぼくは、がむしゃらに仕事を頑張るしかなかった。そうじゃないと、自分の存在意味すらなくなってしまいますから。その結果、今、この世界で生き残っていられるのだから、皮肉と言えば皮肉な話です。

Words of Hideki

# 57

見返りを求めると、ちょっとしたことで
裏切られた気分になり、傷つきます。
ところが、そういう気持ちから
解き放たれると、人間自由になれる。

若いころは、若さゆえにどちらがイニシアチブをとるか、などのつまらないところで張り合ってしまい、失敗してきたように思います。そういうケンカは消耗するだけで進歩がありませんよね。それから、ぼくがこれだけ愛しているのだから、これだけ返してくれて当然だろうみたいな、どこか見返りを求める気持ちが強かったかな。見返りを求めると、ちょっとしたことで裏切られた気分になり、傷つきます。ところが、そういう気持ちから解き放たれると、人間自由になれる。自分が好きでやっていることなんだからと思えれば、自分ばかりか相手も自由にしてあげられる。

年齢を重ねてやっとたどりついた境地っていうんですかね、ようやくメンタルな部分で女性と対等に話ができるくらい大人になれた、そんな気がするな。

Words of Hideki

# 58

男がね、三の能力しかなくても、女性によって、その三が十にも十五にもなるということがある。

男に魅力を感じさせる女性っていうのは、例えば聞き上手、男の話をすごくうまく聞けるとか、気の遣いどころを知っているとか、つまり、男というものをよく理解していて、男を知的にノセられる女性。

ぼくはね、最近になって思うんだけど、女性っていうのは、男よりいい発想を持ってるんですよ。女性しかない素敵な感性っていうかな。

男は、それを確かめながら大きくなっていく部分がある。女性に教えられることってたくさんあるんです。

男がね、三の能力しかなくても、女性によって、その三が十にも十五にもなるということがある。でも、いちいち言葉には出せないんだ。

心の中で、〝ちょっと待てよ、コイツ〟っていう具合に、その女性の存在が自分の中に入って来る、認めざるを得なくなる。

男にそう感じさせることのできる女性というのは十分に魅力を持った女性って言えるんじゃないかなあ。

Words of Hideki

# 59

恋をすると仕事面でも調子が出るんだ。

ぼく個人の話をすれば、恋をすると仕事面でも調子が出るんだ。それだけ女性が男の仕事に与える影響って大きいということなんだろうけど……。

好きな女性がいて、自分を立ててくれると、男はもっと大きくなろうと意欲を湧かすものだし、自分のためにつくしてくれているのを感じたりすると、その女性がすごく愛おしくなるし、可愛くなってしまう。

守ってやらなければという感情になるんだよね。これはぼくだけじゃなく、男の共通した部分だと思う。

Words of Hideki

# 60

自分に負けないこと、負けたらいい女になれない。単にわがままを通していたら、これもいい女になれない。何度も屈折して、それをとび越えるくらいになって欲しい。あせらないこと。あせってもいい女になれない。そして素直さは忘れないように。静かな輝きを持った女性は素敵だから……。

◆1980年（昭和55）7月21日、完成したばかりの新宿アルタのベランダで新曲「エンドレス・サマー」のキャンペーンを。アルタ前の歩道や新宿駅東口広場はファン1万人で埋め尽くされた。

Words of Hideki

# 61

結婚に関していえば、
激情に走ってこうだと決めつけちゃうと、
失敗することが多いんじゃないですか。

結婚に関していえば、愛してるから結婚しなければいけないとか、いつまでに結婚しようとか、決めつけることはしないですね。そういうのって子供っぽいでしょ。激情に走ってこうだと決めつけちゃうと、失敗することが多いんじゃないですか。

一般論でいえば、ぼく自身、独身のほうが楽だとかいう気持ちも少しはありますけど、冷静にいろんなことを考えてみると、それじゃあいけないんじゃないかとは思いますね。結婚に対しては、いたってまともな考え方をするほうですよ。夫婦というのも、友達同士のようにつきあえる形が理想だと思っています。

Words of Hideki

# 62

女性は男にとっての母船みたいなものです。

女性は絶対的にいたわってあげなきゃいけないんです。たとえば、どんなになまいきに突っぱってる女だって、ポロッと弱い部分を見せてしまう時がある。そこで、ウン、わかった、と言って包んであげるのは男しかいないんですよ。これは男にとってても非常にいい感触なんですけどね。だから結婚しても、大きいスケールで見守ってあげたいですね。男が規制すればするほど、女だってその枠から出ようとするものでしょ。逆手にとるというのはおかしいけど、それなら自由にさせて、かえって自覚をもたせるという方がいいでしょ。

女性は男にとっての母船みたいなものです。どんなに偉い男だって、女性の肉体から生まれてくるんだから。女性って、年をとるにしたがって、どんどん脱皮するでしょ。でも男は、肝心なところで脱皮できないんですよね。だから、女性にはとてもたちうちできませんよ。

Words of Hideki

# 63

自分はどう生きたいかが見えてきたから、いろいろな意味で楽になった気がします。

ぼくはいま、たまたま芸能界で生きているけれど、それが万が一だめになっても、生きていく力はあると思います。どんな事態になろうと、ぼくはぼくとして楽しく生きていける気がするんです。いまのぼくには、仕事の前に、まずマイライフというものがあるから。歌うことは好きだけど、歌はどこでも歌える。なぜ歌うのか、それは、聴いた人に喜んでもらうことがぼくの喜びだから。もちろん若い頃には、なんのために歌っているのだろうと戸惑いの時期もありました。でも今は答えがハッキリしているし、自分はどう生きたいかが見えてきたから、いろいろな意味で楽になった気がします。

これで隣に、一緒に人生を楽しんでくれて、ぼくのわがままをちょっと聞いてくれるパートナーがいたら、いうことはありません。

Words of Hideki

# 64

普通の人間として生きている。そういう素晴らしい人たちを見るにつけ、自分も勘違いしないで生きてきてよかったと思います。

仕事も人間関係も、まさに「継続は力なり」です。どんな時でも、定期的に訪れて縁を繋いでいくことが大事なんですね。教科書問題があった時に、何人もの日本人から、「危ないから行くのはよせ」と止められたんですけど、そういう時でも行ったという行動が向こうで評価される。だってぼくの音楽を聞きたいと思っている中国の人たちにとって、教科書問題とぼくの存在は関係ないんですから。

おかげでジャッキー・チェンやレスリー・チャン、ジョン・ローンといったアジアのスターたちと友人になり、自分の人生の幅がすごく広がりました。世界的なスターを見ていて感じるのは、すごく「普通」だということ。もちろん仕事の時はすごいけど、とても人間的だし、普通の人間として生きている。そういう素晴らしい人たちを見るにつけ、自分も勘違いしないで生きてきてよかったと思います。

Words of Hideki

# 65

母がいった言葉はすてきでしたね。
「勝者であっても男、敗者であっても男。
それなら勝負しなさい」。

二十五歳の誕生日のとき、母がいった言葉はすてきでしたね。「芸能界に入ってマネージャーとかいろいろな人がいて、『飲み物』といえばすぐだれかが持ってきてくれるだろうけど、二十五歳という自覚をもって、自分でできることは自分でしなさい」ということと、「勝者であっても男、敗者であっても男。それなら勝負しなさい」という言葉である。

要するにいい意味での攻撃的であれ、けっして引くなということである。これだけの言葉を贈れる母親はそういないだろう。

母が「疲れているの?」聞くから、「いや、疲れてないよ」というと、「疲れているんじゃないの?」と心配してくれるんです。「疲れている」というと「どうしてそれくらいのことで疲れるの? 情けないわね」。だからどうせなら「疲れてない」というほうがいいので、そうしています。

彼女はぼくのことを息子とは思っていない、恋人のような感じらしいです。十五歳のときから離れているから。「今はわたしだけの子じゃないものね」といっています。

Words of Hideki

# 66

母はイメージすると、どこか観音様のような雰囲気です。おっとりしていて。ぼくは事故で亡くなった兄によく似ているらしいんです。母としては生まれ変わりのような気がして、ぼくが頑張っている姿を見るのがうれしいようです。ぼくもそれが自分の使命感みたいになっています。

◆厳しかった父、三郎さんに比べ、母の靖子さんは終生、かげひなたになって、おしみない愛情を注いだ。

Words of Hideki

# 67

人生の中で親とともに過ごした日々が
いかに限られたものだったか
思い知らされた。

ぼくの父は、ぼくが結婚する二年前の一九九九年に亡くなっており、母も四年前に他界したため、近頃は無性に「親父やおふくろに会いたいなあ」と思うことがよくあります。

とくに父はぼくの子供たちと会うことなく旅立ってしまったので、その残念さはひとしおです。父はぼくら子どもにとっては厳しく怖い存在でしたが、子煩悩でもありました。兄の家族と同居して、兄の子どもをとてもかわいがっていましたからね。その様子を見てきたぼくは、いま父が生きていたらどんなにぼくの子どもを愛してくれただろうかと思いを馳せるんです。せめてもの救いは、母に三人の子どもを抱かせてあげられたことでしょうか。

そんなこんなを考えると、人生の中で親とともに過ごした日々がいかに限られたものだったか思い知らされた。ぼくの場合は早くに親元を離れたので、その思いはいっそうです。

Words of Hideki

# 68

希林さんは、ずば抜けて頭がよく、勘の鋭い方です。しかも自然体で構えたところがなく、人をうならせるような言葉をポツリという。

樹木希林さんには若い頃から本当にお世話になり、ご自宅におじゃましたこともあります。そして演技のことはもちろん、いろいろなことを教わりました。

「お芝居がうまくなりたいなら、まず歌舞伎を見て勉強しなさい」

といわれ、いっしょに見に行ったこともあります。そのときは「なんで歌舞伎を?」と思いましたが、「着物を着たときの所作をよく見て学ぶように」とのこと。面倒見のよさもさることながら、真のプロ根性を見た思いがしました。

希林さんは、ずば抜けて頭がよく、勘の鋭い方です。しかも自然体で構えたところがなく、人をうならせるような言葉をポツリという。何気なくいっているようでいて、核心をついているから、周りは刺激を受けるんです。例えば「そんなこともできないの?」とかズバッというので、ぼくもそういわれないようにがんばったものです。かと思えば、みんなが思っていても口に出せないことを、サラリと代弁してくれたりする。だから現場での存在感も大きく、ある意味、監督以上だなと思うこともよくありました。監督の指示を超えた演技をするので、見ているだけで勉強になるんです。

◇最も尊敬する歌手は布施明で本格的な歌手をめざす秀樹のあこがれの存在であった。

# 第五章

# 運命

## 辿り着いたら

Words of Hideki

# 69

彼女と一緒にいると、
リラックスできる風が
吹いてくるみたいな気がした。

彼女と出会ったのは二年前です。知人を交えた食事会だったので、そのときは顔見知りになった程度だったんだけれど、一年ほど前からきちんとおつきあいするようになりました。当時のぼくは、まあ、いわゆる独身貴族ですね。はた目には優柔不断にも、チャランポランにも見えたかもしれない。決して独身主義だったわけではありません。真剣に恋愛をした日々はもちろんあったし、結婚したいと思った時期もあった。でも、やっぱり縁がなかったんでしょうねえ。そんなこんなで四十代になり、もう結婚はいいや、独身貴族を通そうと決めたちょうどそのころ、彼女がぼくの前に現れたんです。

恋に落ちたとかピンときたとか、そういう言葉はあてはまりません。何て言ったらいいのかなあ、彼女と一緒にいると、リラックスできる風が吹いてくるみたいな気がした。

Words of Hideki

# 70

一人で生きていく力を持った人間同士が、
二人協力しあって新しい生活を始めようと
いうときに、片方がもう片方に
「ついてこい」はないんじゃないかなあ。

プロポーズのとき、ぼくは彼女への気持ちをすべて伝えた後で、「戻るなら今だよ」と彼女に選択権をゆだねました。ぼくは、こういう世界で仕事をしているのだから、たいへんなこともあるだろう。それでもあえて飛び込んできてくれるのかどうか、自分で答えを出してほしい、そんな気持ちでした。

あそこで「オレについてこい」と言うのは簡単でした。でも、一人で生きていく力を持った人間同士が、二人協力しあって新しい生活を始めようというときに、片方がもう片方に「ついてこい」はないんじゃないかなあ。あのとき、きっとぼくと歩く人生を選んでくれるだろうという確信に近いものはありました。それがなくちゃ言えませんよ、絶対に失いたくない人でしたから。

Words of Hideki

# 71

結婚とは、二人がペアになることだけじゃなく、相手の親きょうだいと親戚になっていくことなんですね。

ぼくは今までは、インタビューなどで「結婚は?」と問われれば、「婚姻届という紙切れ一枚にこだわる必要はない」というような答えをくりかえしてきました。周囲がどんどん結婚していく中で、何度も何度も聞かれるものだから、苦肉の策で、ああ答えたという面も、もちろんあります。が、「紙切れにはこだわらない」ことは、ある意味では真実。今もこだわっていません。ただ、両方の親のことを思うと、紙切れ一枚とはいえ大切なことだとも考えるようになった。結婚とは、二人がペアになることだけじゃなく、相手の親きょうだいと親戚になっていくことなんですね。ぼくはこの場に及ぶまでそんな簡単なことにも気づかないできてしまったのだと思います。

Words of Hideki

# 72

完全な「地味婚」で、費用はたったの七万円。家族や親しい友人、三十人だけを招いて行った。

美紀との結婚式は、二〇〇一年の六月三十日、伊豆の下田にある、白浜神社でとり行った。

入籍は五月七日にすませていたが、結婚式は花嫁を幸福にするという「ジューン・ブライド」にあやかりたかったので、六月最後の日を選んだのだ。ギリギリセーフ！

神社での挙式にしたのは美紀の意向だった。式はごく内輪ですませようということになり、仲人さんからこの神社を紹介していただいた。完全な「地味婚」で、費用はたったの七万円。家族や親しい友人、三十人だけを招いて行った。

当日の朝は、梅雨のしとしと雨というより、かなりの大雨が降っていたが、ぼくが宿から出たとたん、さーっと雲が割れ、明るい陽が差してきたことを今でも鮮明に覚えている。この光が、ぼくたちの未来を照らしてくれるような気がしたものだ。

# 73

平気でどこへでも買い物に出かけられ、当たり前に値引き交渉ができるような日常生活を、彼女がずっと保ちつづけられるようにしてあげたいと願った。

「キミは西城秀樹の妻ではない、木本龍雄の妻なんだよ」

結婚当初からぼくは、妻にそう言いつづけている。彼女ももちろんそのつもりだ。芸能人の妻として華やかなことを望んでいないし、ぼくもそうあってほしい。二人の子供をもつ普通の奥さんとして、普通に生活していってくれれば、それにこしたことはない。彼女がぼくの妻だということで注目され、生活しにくくなるという状況だけは避けてあげたい、そのための努力だけは怠らないつもりだった。平気でどこへでも買い物に出かけられ、当たり前に値引き交渉ができるような日常生活を、彼女がずっと保ちつづけられるようにしてあげたいと願った。「それほどでもないと思ってたけど、やっぱり私はどこかで西城秀樹の妻なのよね」妻も最近になって、ことの大変さを感じているようだ。思わぬところで誰かに注目されていることを感じだしてもいる。

「でも、私は平気。芸能人の妻だからといって、なにかを変える必要はないと思っているから」堂々としている。ドーンと構えて生活している、そういうところは度胸がある。

Words of Hideki

# 74

元気のいい、大きな声だ！　胸の奥がキュ〜ンとした。ぼくはこの瞬間、四十七歳のパパになった。

結婚一周年が間近に迫る頃、ぼくの家に新しい命が誕生した。「子どもはなるべく早く欲しいね」と、美紀と話していた通りになったのだ。出産には立ち合い、妻の手を握って子どもの誕生を見守ってあげるつもりだったが、残念ながら仕事のために約束を果たせなかった。

「今、生まれました。女の子ですよ！」

妻の母親から電話を受けたとき、ぼくは新幹線の車中にいた。妻が入院している病院へ向かっていたのだが、間に合わなかった。

「美紀は元気ですか？　赤ちゃんも無事なんですよね？」

こう聞くと、携帯電話の向こう側から、赤ちゃんの泣き声が聞こえてきた。妻の母が、電話を子どもに近づけてくれたのだ。元気のいい、大きな声だ！　胸の奥がキュ～ンとした。ぼくはこの瞬間、四十七歳のパパになった。

Words of Hideki

# 75

ぼくが大切に造り上げた空間。
そこで家族とどんな時間を持てるのか。

バリに別荘を建設している最中、ぼくは結婚しました。そして建物が完成した翌年、初めての子供、莉子が産まれました。子どもが成長する上で、バリはいい環境を与えてくれるはずです。物質的な意味では、東京には何でもあり、バリは不便です。不便だからこそ、共同作業をしなければならない。いわばプリミティヴな家族の形が成り立つのではないかと思います。東京ではぼくも仕事に追われますが、バリにいるときは、自然に家族の話に耳を傾けることになるでしょう。夜、ランプの下、家族そろって食事をしながら話をする。

家族がひとつになることの大切さ。子供には、それを語ってきかせるのではなく、自然に感じ取りながら育ってもらいたいと思います。

三畳の部屋からスタートしたぼくの空間へのこだわり。それは、かつて自分ひとりのものでした。バリに土地を購入したのも、個人的な趣味からです。

しかし結婚して女房と二人のものになり、これからはもっと多くの家族と共有する場になります。ぼくが大切に造り上げた空間。そこで家族とどんな時間を持てるのか。今からとても楽しみです。

Words of Hideki

# 76

猛烈にだるくて眠くて、翌朝目が覚めたら左の頬が右より下がっていました。ろれつも回りません。

最初に発作を起こしたのは、二〇〇三年六月。ディナーショーのために訪れていた韓国・済州島でのことです。猛烈にだるくて眠くて、翌朝目が覚めたら左の頬が右より下がっていました。ろれつも回りません。

東京の慶應病院に勤める知り合いの医師に電話で相談したら、「脳梗塞の疑いがありますね」。仕事を終えて翌日、急いで帰国して病院へ行くと、そのまま入院。「ラクナ梗塞」という病名を告げられました。脳内の細い血管が動脈硬化などで狭くなって血液の流れが悪くなる、脳血栓症のひとつだそうです。

そのときまでぼくは、最高に健康な男だと過信していました。若い頃からワインを毎晩二本、タバコを一日四箱という生活でしたが、四十六歳で結婚してから食生活に気を配るようになっていました。百八十一センチ、六十八キロの体型を維持するため、ジムに通ってトレーニングも欠かしませんでした。

Words of Hideki

# 77

上手にしゃべることができなくなったこと。
「水」という言葉が思い浮かばないんです。

運動機能の後遺症は軽かったのですが、倒れた直後は、何かやろうとするたびに「こんなこともできないのか」と気づくショックがありました。脳梗塞という病気について知識がなく、症状も知らなかったからです。何より問題だったのは、脳内の言語を司る神経が塞がれたために「構音障害」という後遺症で言葉が出にくく、上手くしゃべることができなくなったこと。「水」という言葉が思い浮かばないんです。

長女は一歳。妻のお腹には七カ月の長男がいました。もう人前で歌えないのなら、生きている価値があるのか。「歌手を引退しようか」と弱音も吐きました。思い直させてくれたのは、妻が言ってくれた、

「ゆっくりと時間をかけて病気になったんだから、ゆっくり歩いて治していこうよ」という言葉です。

Words of Hideki

# 78

「こうなってしまうんだったら、子ども
はいらなかった」
理不尽な裁量をあたえた神を、
恨まずにいられなかった。

大病を背負いこんだとき、「あれほど健康に気をつかっていたはずのぼくがどうして?」そういう気持ちにもなった。若いころから、ステージで披露する歌もアクションも、どの歌手よりも派手でエネルギッシュだった。健康面には最大級の気を配っていた。脳梗塞になる直前までは、舞台が差し迫っていたので減量に気を使っていた。そのせいもあり一食四百キロカロリーに抑《おさ》えていた。朝食はヒジキと漬物とご飯、それにみそ汁。これで、ちょうどそれくらいのカロリーになる。「粗食ほど健康にいい食事はない」

確信みたいなものがあった。そんなぼくなのに、どうして重い病いが振りかかってきたのか、納得できない気持ちがあった。その上、脳梗塞のなかでも、発声に狂いが生じる構音障害だった。ぼくは憤りとともに、ことの成り行きが理解できなかった。結婚して、長女が生まれ、次の子供も三カ月後には誕生を待っていた。ぼくは四十八年間の人生のなかで最高潮を迎えようとしていた。「こうなってしまうんだったら、子どもはいらなかった」理不尽な裁量をあたえた神を、恨《うら》まずにいられなかった。

Words of Hideki

# 79

大阪の姉に電話で、「これから先、おれはどうしたらいいんだろう。もう歌えないし……」相談したこともある。「つらかったら、こっちにおいでよ。どうにもならないんだったら、あんたを養うくらいのことはできるんだから」姉の優しさに目頭が熱くなった。

◆姉にはずいぶんお世話になった。親の反対を押し切って十五歳で上京したとき、バックアップしてくれたのが、姉だった。

Words of Hideki

# 80

ぼくにとって栄光の第二章がこれから
始まると思えたそのときに、
これほどの大病が待っていた。

若いころのぼくは、自分でいうのも何だが、日本中でどの歌手よりも元気でエネルギッシュだった。コンサートでも、誰よりも激しく動き回り、日本一汗が似合う男と言われたこともあった。スタッフの協力もあって、賞という賞はほとんど総なめにした。

健康面でも仕事面でも、順風満帆だった。

遅咲きではあったが、良縁にも恵まれて子供も設けた。ぼくにとって栄光の第二章がこれから始まると思えたそのときに、これほどの大病が待っていた。

Words of Hideki

# 81

病気と上手に付き合うという言い方があるが、ぼくの場合は上手には付き合えないかもしれない。しかし、怒らせないようにしようと思っていた。

慎之介の誕生で、ぼくの気持ちにも少し余裕のようなものがでてきた。自分に巣ぐっている「脳梗塞」という病気に話しかけるようになっていた。

「おまえも怒るなよ。じっとしててくれよ」

〝彼〟のことも、付き合っている一人の友達のように思えた。

「昨日は御馳走してやったじゃないか。マッサージもしてあげたし、気功もやった。すこし冷静にしててくれよ。おれの身にもなってくれよ」

病気にむかって、諭《さと》している自分がいた。

病気と上手に付き合うという言い方があるが、ぼくの場合は上手には付き合えないかもしれない。しかし、怒らせないようにしようと思っていた。そのためにさまざまなケアを積極的にやった。

「おまえにおべんちゃらは使いたくないけど、最低、怒らせないようにしないとな」

やることはやるから怒らないでくれ、じっとしといてくれ、そう語りかけていた。

Words of Hideki

# 82

歌を忘れたカナリアならまだいい。思い出せばいいのだから。歌を歌えないカナリアは死ぬしかない。激しい憤りを感じていた。

◆病気をすると人は喜怒哀楽が激しくなるという。秀樹もまたちょっとしたことで激高したり、沈んだり、また爆笑したりした。

Words of Hideki

# 83

病気をしたせいで、夫婦の関係が濃密になれた分、ぼくらは結婚年数の何倍も、お互いのことが分かり合えるようになった。

◆脳梗塞という病気は三歩進んで二歩下がる、の繰り返しだが「確実に一歩は前進している」と良いほうへ考えるようにした。

# 84

どんなものに対しても、否定感がなくなった。それは人に対してもそうだ。泣いている人も、怒っている人も、笑っている人も、どんな人もそのままで、「人間なんだなぁ。いいなぁ」そう思う。

病気をしてからのほうが、正直に自分に向き合えるようになった。

不思議なくらい素直な自分になれたと思う。体が少々不自由になった分、精神はピュアになれたのかもしれない。晴れの日も雨の日も、一日一日の濃度が濃いというのか、すごく大切に思えるし、楽しいこと、悲しいこと、感動したこと、すべての感情が豊かになった。

風景についていえば、きれいなものがきれいに見えるというよりも、人が見たらつまらないと思えるような景色さえ、心に響く。

蟻《あり》が地面にはいつくばって餌を探し、みんなで持ち運んでいる。以前のぼくだったら、気分しだいで、踏みつぶしていたかもしれない。その蟻の行列が、いまはいとおしく感じられる。どんなものに対しても、否定感がなくなった。

それは人に対してもそうだ。泣いている人も、怒っている人も、笑っている人も、どんな人もそのままで、「人間なんだなぁ。いいなぁ」そう思う。

Words of Hideki

# 85

オレ、歩いてるじゃん、何とか
しゃべってるじゃん、とにかく今、
命があるんだ。

リハビリ中はありあまるほど時間があったから、家の周りをウォーキングしたり、気分を変えるために一人で旅に出たりもしました。

びっくりしたのは、春夏秋冬を感じる強さが変わってきたこと。道端の花の美しさ、風のにおい。時には古い民家を見ただけで、こうした歴史があって自分たちが生かされているんだなあ……と、長い長い人間の営みに思いをはせてしまう。目に映るものがすべて息づいて、心に響いてくるんですね。目を開けていても、見えていない。そんなものが世の中にたくさんあったんだ、ということに気づかされました。

そうしたら、病気で悩んでいる自分が小さく見えてきてね。オレ、歩いてるじゃん、何とかしゃべってるじゃん、とにかく今、命があるんだ、ここからまた頑張ればOKだよ、と思えるようになった。倒れる前の自分と比較するから不幸だと思ってしまうわけで。前のヒデキはもういない、そこを切り捨ててもう一回、スタートしよう。努力してみよう。きっと毎日が充実できるはずだよ、と。

◇「あきらめない」秀樹が自分に向かって、いつもいい聞かせた言葉だ。どんなに頑張っても好転しないことがある。しかしあきらめなかった。

# 第六章

# 幸福

## 愛に生きる

Words of Hideki

# 86

ショックは何十倍でしたよ。
再発を予防しようと生活に気をつけて
いただけに、なぜ？
という思いが強かったんです。

二度目に発症したのは、二〇一一年の暮れです。身体がふらついたときは、風邪のせいかと思いました。前回と同じ慶應病院へ行ってMRIを撮ってもらっても、異常は見つかりません。しかし「念のため今日は泊まってください」と言われたのが幸い。朝には、病院のベッドから起き上がれなくなっていたんです。

ショックは何十倍でしたよ。再発を予防しようと生活に気をつけていただけに、なぜ？　という思いが強かったんです。

前より症状が重いことも、じゅうぶん自覚できました。唇や舌が痺れてしゃべれないし、右手と右足が自由に動かせません。前回と違って、退院後はリハビリ専門の病院へ移る必要がありました。

Words of Hideki

# 87

「亭主がこんなに不自由な体になって、妻だってうれしいはずがない。それなのになぜ、ぼくに文句の一つも言ってこないんだ！」

二度目の脳梗塞は、妻への感謝を忘れそうになるほど手ごわかった。リハビリ専門の病院に入院しているときは、移動するときも段差がなく、どこにでも手すりがついているので、自分としてはだいぶ動けるようになった気がしていた。ところが家に戻ってみると、何かしようと思うたびに自分の体の不自由さを実感してしまう。退院したとはいえ、この頃のぼくは、立ち上がるにもだれかの支えが必要だったし、ステッキを持たなければ一人でトイレに行くことも難しかった。

そんなぼくを、妻は前回と同じようにさり気なく気づかってくれたが、「ありがとう」の一言がなかなかぼくの口から出てこない。入院しているときは、ぼくができないことをその道のプロフェッショナルがサポートしてくれた。ところが家に戻ったとたん、家族に負担をかけることになる。

この病気は、発症した本人だけでなく、周囲で支える人もまた一緒に闘わなければならない。それをごく普通にしてくれる妻に対し、「ありがたい」と思うと同時に、複雑な感情が生まれてしまう。「申し訳ない」という思いもあれば、「ほっておいてくれ」とも感じてしまう。ぼくの気持ちは、またしても後ろ向きになってしまったようだった。

「亭主がこんなに不自由な体になって、妻だってうれしいはずがない。それなのになぜ、ぼくに文句の一つも言ってこないんだ！」

あるときはこう考えて妻に理不尽な怒りを覚えたり、別のときには悲観的にこんなことを考えていた。

「こんなにやさしくてしっかりした妻に迷惑をかける一方のぼくは、やっぱり生きている価値なんかない」

入院中に自分の弱さを自覚し、受け入れたはずなのに、家に帰ったらまた弱い自分が出てしまった。

◆トレーニング内容に「こんな幼稚園児みたいなことやってられるか」と苛立ち、屈辱感で自己嫌悪に襲われる日々も。

# 88

自分がこんなに弱い人間だとは、それまで思ってもいなかった。むしろ、自分は意志を貫ける強い人間だと思い込んでいた。

「今、体が思うようにならない」自分を素直に認めることが怖くて仕方がなかった。だからあらゆることに反発し、抵抗することで、自分の周りにバリアーを張っていたのだと思う。

弱い犬ほどよく吠える、という言葉があるが、自分の弱さに気づく前のぼくは、まさに吠えたり噛みつくことしかできない弱い犬だったのかもしれない。

ぼく自身、自分がこんなに弱い人間だとは、それまで思ってもいなかった。むしろ、自分は意志を貫ける強い人間だと思い込んでいた。だが、自分の弱さに気づいたとき、考え方を一から改めた。

弱い者は、逃げ回っているだけでは決して強くなれない。脳梗塞は怖い。このまま麻痺が残ったら、ぼくの歌手生命は断たれる。それは変えようのない事実だ。それを正面から受け止め、怖さを克服するためには、だれでもない、自分が一歩一歩前進し続けるしかない。だから、臆病なぼくは脳梗塞という病気を学習して、自分の生活も改善しながら慎重に進んでいこう。

そう思えたことで、ぼくは精神面では確実に一歩を踏み出せたと思う。

Words of Hideki

# 89

夜の闇が、果てしない底なし沼へ、
ぼくを引きずっていくようだった。

幼稚園児がするようなことを命令されてもできない今のぼくは、幼稚園児以下ということか？　このままでは家族にも周りの人にも迷惑をかけ続けてしまう。仕事だってもうできない。そんな状態でも生きている価値があるんだろうか？　またしても絶望感に襲われ、生きているのがいやになってしまった。

特に夜がいけない。昼間は「一人にしてくれ」「ほっておいてくれ」と思い続けているのに、消灯時間が過ぎ、暗闇で一人横たわっているとマイナスのことしか考えられない。夜の闇が、果てしない底なし沼へ、ぼくを引きずっていくようだった。

「ぼくは家族にとっても病院にとってもお荷物でしかない。いっそ死んでしまいたい」

そう思ったことも一度や二度ではない。こうした感情は脳梗塞を起こした人の大半が体験するうつ症状によるもので、いつかは必ず脱出できる。といってもこれは今だから言えることで、その最中は、永遠にプラス思考になどなれない。精神的にも肉体的にも二度と立ち直れない気がしていた。

Words of Hideki

# 90

価値観を変え、大切なものに
気づかせてくれたという意味で、
ぼくは病気に感謝してるんです。

病気になる前は「カッコよくあることが務めだ」と信じていたし、二度めに倒れたあとは「こんな姿は誰にも見せたくない」と落ち込みました。しかしいまは、たとえ不自由でも、ありのままの姿を見てもらえればいい。むしろ、ちゃんと見てもらいたい。そう思えたら、とても楽になりました。脳梗塞やほかの病気と戦う人を勇気づけられたら——それがぼくの生き甲斐です。

最初に脳梗塞で倒れるまでが一度目。また倒れるまでが二度目。そしていまは、三度目の人生だと思っています。価値観を変え、大切なものに気づかせてくれたという意味で、ぼくは病気に感謝してるんです。病気にならずに気がつけば、もっとよかったんですけどね(笑)。

Words of Hideki

# 91

脳梗塞にならず、仕事で忙しい生活を送っていたら、子どもたちの成長をこんなに間近に見守ることはできなかったに違いない。

二〇一二年の新学期から、長女は小学校四年、長男が三年、次男が二年生に進級した。三人とも新しいことをどんどん吸収する育ち盛りだ。ぼくのほうは、病気のせいで仕事の量を減らし、リハビリに励んでいる。今まではそんな自分がもどかしかったが、「成長期の子どもたちと過ごす貴重な時間を神様から与えられた」と思うと、家庭での生活が、がぜん楽しくなってきた。もしぼくが二度目の脳梗塞にならず、仕事で忙しい生活を送っていたら、子どもたちの成長をこんなに間近に見守ることはできなかったに違いない。いや、見守っていたのはぼくではない。子どもたちと密に触れ合う中で、実際は子どもたちも、ぼくの「成長」を促し、見守っていてくれていることに気づいた。もちろん、その陰には妻の存在がある。ぼくのことを大切にしている妻の姿を見て、子どもたちには弱いものをいたわる気持ちが芽生え、それを支える行動力が身についたようだ。そう、ぼくは弱いパパでもいい。うまく歩けなくても、言葉がつかえても、それをそのまま、子どもたちに見せればいい。ぼくが言葉で何かを教えるより先に、子どもたちは母親の行動を見たり、自分なりに学んでいく。

Words of Hideki

# 92

少しずつ健康な生活を取り戻す姿を、子どもたちに見せたい。そして末っ子が成人式を迎えるまでは、どんなことがあっても元気でいたい。そう思ったとき、体の中から勇気や希望がわいてくるのを感じた。

◆食事にとても気を使っている。朝が300キロカロリー、昼は500キロカロリー、夜は600キロカロリーをベストに。

# 93

ぼくの場合は、その変化が劇的だった。
若い頃は、お金を湯水のごとく使い、
表面的なかっこよさばかりを
追い求めていた。

ぼくと同じように、自分が大病をしたことで、あるいは大きなケガを負ったことで、価値観や生活が変わった人もきっとたくさんいると思う。

ぼくの場合は、その変化が劇的だった。若い頃は、お金を湯水のごとく使い、表面的なかっこよさばかりを追い求めていた。今思うと、あの頃ぼくが生きていたのは、第一の人生だったのかもしれない。

その後、妻に出会い、最初の脳梗塞を患って、人生を一八〇度変えたつもりだった。しかし、頭の中でそう思っていただけで、実際に行動を起こすまでには至っていなかった。その時代を第二の人生とすれば、今のぼくは第三の人生を生きていることになる。

妻と三人の子どもに恵まれ、二度目の病を得たおかげで、ようやく自分の生活習慣や考え方を本当に変えることができた。

自分だけの力でここまでたどりつけなかったのはちょっと悔しい気もするが、妻と子どもたち、そして脳梗塞という病気に感謝する気持ちのほうがずっと大きい。

Words of Hideki

# 94

いまは、何かしてもらえば
「ありがとう」、食事のあとには
「ごちそうさま。おいしかった」
と必ず言うようになりました。

いちばん変わったのは、感謝の気持ちを言葉に出して言うようになったこと。病気をする前は、心の中では「ありがとう」と思っていても、照れくささもあってなかなか口に出せなかった。

でも、いまは、何かしてもらえば「ありがとう」、食事のあとには「ごちそうさま。おいしかった」と必ず言うようになりました。これは、身内だけでなく周りのみんなにも、何かしてもらえば「ありがとう！」と。

〝命の尊さ〟をひしひしと感じるようにもなりました。

Words of Hideki

# 95

人からは「お前が倒れるたびに子どもが生まれてるじゃん」なんて冷やかされてますがね（笑）。上から五歳、四歳、一番下の子が一月で三歳になります。

病気になるまでの人生は順風満帆だったかというとそんなことはありません。人からは「お前が倒れるたびに子どもが生まれてるじゃん」なんて冷やかされてますがね（笑）。上から五歳、四歳、一番下の子が一月で三歳になります。親バカかもしれないけど、みんな、可愛いんですよ。妻が連れて歩いたら、西城秀樹の子どもと知らずに、三人ともそれぞれスカウトに声をかけられたんだって。それを聞いて、ちょっぴり鼻が高くなりましたね（笑）。

よく、その年で子育ては大変だろうなんて言われるけれど、この年で小さな子どもがいることで、逆に元気がもらえる感じがしますね。

Words of Hideki

# 96

この前、息子が悪さをしたんでひっぱたいたんです。ぼくのほうが痛かったですね。そのとき思ったのは、死んだ親父もこんな気持ちだったのかなあって。

◆父は怒るとちゃぶ台をひっくり返すわ、ひっぱたくわで、たいへん怖かったが、秀樹が「音楽をやりたい」と言うと当時、とても高価だったドラムセットをポンとプレゼントしてくれたりした。

Words of Hideki

# 97

食事も腹八分目。
リハビリも無理しすぎない。

子どもたちも妻も普通に接してくれます。普通にするって大変だと思うんですよ。何かものをとるときでも、妻は自分でやらせますからね（笑）。でも、ちゃんと危なくないか見てくれている。そうやって支えてくれるのがありがたいです。二度目の脳梗塞を乗り越えられたのは、ぼくを待ってくれている人がいることに気づいたから。自分にできることを精一杯やればいいんだと思うようになりました。

入院中にメンタルの先生に、

「秀樹君はコップに水がいっぱい入らないと気がすまないタイプ？」って聞かれたことがありました。「10の水が入っているより7・5くらいのほうが美しいよ」って。7・5の余裕が12にも13にも見せてくれる。食事も腹八分目。リハビリも無理しすぎない。7・5のほうがいいんだと思えば、気持ちも少し楽になりました。

Words of Hideki

# 98

リハビリ中は根気しかない。こんだけ根気あって、こんだけ努力するんだったら、東大でもどこでも受かっちゃうよ(笑)。

◆病気前は常に「カッコよく見せたい」というのが先にあった。でも「ありのままの自分を見せてやっていこう」と決めてから心が楽になった。

Words of Hideki

# 99

「病は気から」というように、気は大事。やる気、病気、ヒデキ！全部キが付くでしょ（笑）。

かつてはスポーツマンだったから何でもできました。ぼくの子どもは言いますよ。昔のビデオを見て「パパ、このときはまだ足、大丈夫だったね」って。「お前、見るなそんなもん」とは言えなくて、見るんですよ、一緒に。しっかり目に焼き付けて、「あのときは健康だったな。よし早く良くなろう」って、気持ちを前向きに持つようにするんです。

今は虫ひとつ見ても「生きてるんだな」と感じたり、花を見て「のびのび育っているな」と感じたりします。そして、幸せなことはどこにでも転がっているということにも気づきました。「病は気から」というように、気は大事。やる気、病気、ヒデキ！　全部キが付くでしょ（笑）。

Words of Hideki

# 100

病人に同情は禁物で、ときには〝突き放す勇気〟も必要だということ。

ただ、自分が病気になって感じたのは、病人に同情は禁物で、ときには〝突き放す勇気〟も必要だということ。

すべてに手を差し伸べるのではなく「これはできる」「大丈夫だ」と思うことには見て見ぬふりをする。妻は、そのあたりのさじ加減をよくわきまえています。最初は、たとえば、落とした薬を取ってくれない彼女を「何で？」「冷たい」と思ったこともあったけど、「ああ、そうか」。自分でできることはやろう、と。また、心を鬼にしている彼女の気持ちを察すれば察するほど「リハビリに励んで、明日はもっとよくなろう」と思うんですね。

子どもたちにも「パパはできることはやるよ」と。それが結果的に自分のためになるわけですから。

いまもときどき二十代、三十代のころの自分の映像を見ることがありますけど、当時の自分に戻りたいとは思わないし、うらやましく思うこともない。

いまの自分は、当時とは180度違うということをしっかりと受け止めて、ゆっくりでも一歩一歩前に進んでいこうと思っています。

Words of Hideki

# 101

「生きることをあきらめないでよかった」

今、ぼくは、仕事をしていても、子どもの相手をしていても、歩いていても、何をしていても、生きていることが嬉しくてたまらない。リハビリを始めたころは、手足が動かず、自分ではコップひとつ持つこともできなかったんですから。こんなふうにまた歩き出すことができるなんて想像もつかなかった。「生きることをあきらめないでよかった」、今は心からそう思えるんです。

◆ときどき二十代、三十代の頃の映像を見ることがあるが、決して当時の自分に戻りたいと思わない。

第七章

# 終わらない日々

一生青春

Words of Hideki

# 102

幸せを感じるとき、人は家族の数だけ倍するというが、正直、いまは、なるほどと納得できる。

四十歳を過ぎてから生まれた子供は格別に可愛いもので、

「子供より孫のほうが可愛いというけど、そういう心境でしょう？」

両親や親戚、友達からよくそう言われたものだが、くやしいが図星であって
なにも言い返せない。

独身貴族を決め込むつもりだったぼくが、図らずも四十六歳のときに良縁に巡りあい、幸運にも翌年には莉子というかけがえのない娘を授かった。

幸せを感じるとき、人は家族の数だけ倍するというが、正直、いまは、なるほどと納得できる。莉子はぼくのことは「パパ」と呼ぶが、母親の美紀のことはぼくが名前で呼んでいるせいもあって、「ミキ」と呼び捨てにしたり、「カ～カ」、「ママ」と呼んだりもする。

甘えるときは「ママ」、友達感覚でいるときは「ミキ」と呼ぶ。

妻と子のいる生活がぼくにとって、かけがえのないものとなっていたのは、間違いのない事実だった。

# 103

この三人の子どもたちが、
ぼくの生きる力の源になっています。
もちろん、妻は別格の存在です。

四十六歳で結婚し、初めて父親になったのは四十七歳。そのときに生まれたのが、長女の莉子《りこ》（現在十二歳）です。妻と結婚した年に出した新曲が「ジャスミン」だったので、その日本名「茉莉花《まつりか》」の一字を取りました。

莉子の誕生から一年半後に生まれた長男は、ちょっと古めかしい名前へのあこがれから慎之介《しんのすけ》（現在十一歳）と命名。さらにその一年後に生まれた二男の悠天《ゆうま》（現在十歳）は、行きつけの中華料理店の名前「天悠」にビビッときて……といったら驚かれるでしょうか（笑）。それをいったら本人もあ然としていましたが、でも字画はきちんと考えてつけましたよ。

この三人の子どもたちが、ぼくの生きる力の源になっています。もちろん、妻は別格の存在です。彼女がいなかったら、いまのぼくはいなかったでしょう。

Words of Hideki

# 104

ぼくにいちばん似ているのは、末っ子の悠天かもしれません。

子どもたちは全員ピアノを習っていて、莉子は歌うことが大好き。慎之介はドラムもけっこう本格的に叩きます。一昨年のコンサートでは慎之介が一度だけドラムを叩き、親子初共演を果たしました。

慎之介は将棋も強く、ぼくと妻が二人がかりで知恵を絞って対戦しても勝てません。「弱いなあ」と笑われますが、ぼくも小さい頃から囲碁をやっていただけに自分の血を感じたりします。

ぼくにいちばん似ているのは、末っ子の悠天かもしれません。悠天はとにかくやんちゃ坊主。ぼくが幼い頃そうだったように、三人の中で叱られる回数もいちばん多い（笑）。昔の自分を見ているようで、しかし一方では「ぼくってこんなに悪かったかなあ」と首をかしげることがあります。

Words of Hideki

# 105

娘をもつ父親としては、いまからある恐れを抱いています。

長女の莉子は、最近口が達者になりました。やっぱり女の子ですね。少し前まではぼくが選んだ服を喜んで着ていたのに、この頃はパソコンを見ながら自分で選び「パパ、この服はどう思う?」とアドバイスを求める程度。でも買いに行くときは「パパ、いっしょに来て」というあたり、やはりかわいいものです。

娘をもつ父親としては、いまからある恐れを抱いています。それは娘にボーイフレンドができたときの対応です。娘に「パパ、そうなったらどうする?」と聞かれ、「取れるものなら取ってみろといって乗り込んでいく」と即答したのはいうまでもありません(笑)。

Words of Hideki

## 106

「人は苦しんだ分だけ人にやさしくなれる」とは本当ですね。

病気療養中は、ファンの方たちからのお手紙にどれだけ力をもらえたか……。なかにはご自分や身内がぼくと同じ脳梗塞を患われ、その体験談とともにエールを送ってくださった方もいます。それらを何度も読み返し、こんなに心配してくれるファンがいてぼくは本当に幸せ者だなと感じ入りました。

命の危険にさらされたことで、人のやさしさやありがたさも知りました。いろいろな方との出会いがあり、人を知れば知るほど見えてきたものがあります。「人は苦しんだ分だけ人にやさしくなれる」とは本当ですね。

一時は歌手生命すら危ぶまれ、気分がどん底まで落ちたこともありましたが、それを救ってくれたのも多くの方たちからの励ましの言葉。「病気に負けず、がんばって！」という言葉をかけていただくうちに、勇気と希望がわいてきました。「ぼくを待っていてくれる人たちがいる」と思うだけで、リハビリにも熱が入ったのです。

Words of Hideki

# 107

子どもにこうなってほしいという望みはまったくありませんが、とにかく健康で元気に、毎日笑って過ごしてくれたらいい。

ぼくたち夫婦はどちらも、基本的にはあれこれ細かいことはいわず、黙って見守るタイプです。それもこれも、妻がいろいろやってくれているから、ぼくもうるさくいわずにすむのですが（笑）。妻は子どもにアドバイスをするくらいで、あまり干渉しないせいか、子どもも一応親の意見には聞く耳をもつようです。親が必要以上に口出しすると、逆効果になってしまうかもしれませんね。うちの子どもたちは家が大好きで、家にいるときがいちばん落ち着くといいます。それで困るのは、外食を提案したときです。ぼくが「今日はたまには外で食べようか」と誘っても、みんな「家でママの作ったご飯を食べたい」といって却下されてしまう（笑）。長男は「味噌汁とご飯さえあればＯＫ」というほど味噌汁が大好きなので、妻は「昭和の子どもみたい」と笑っています。ぼくは子どもにこうなってほしいという望みはまったくありませんが、とにかく健康で元気に、毎日笑って過ごしてくれたらいい。それだけを願っています。四六時中にぎやかなわが家で、平和な日々の幸せを感謝するばかりです。

# 108

人間、痛い思いをしないと
わからないこともある。

人間、痛い思いをしないとわからないこともある。

ぼくの場合、「地球は俺を中心に回っている」などと思っていた若者だったので、これまで何度もぶつかり、叩かれ、そのたびに、大人の生き方を少しずつ学んできた……はずだったが、二度目の脳梗塞になって、自分がいかに子どものままだったかを思い知らされた。歌手生命どころか命の危機まで感じてようやく、ぼくは自分の甘さを恥じ、人のやさしさに気づいたのだ。

両親や兄弟、妻と子どもたちだけじゃない。ぼくはこれまで数えきれない人に支えられてここまで生きてきた。そのことにようやく思い至った。

病気で体が不自由になり、気分がどん底まで落ちたおかげで、友だちのありがたさが身にしみた。ピンチになったとき、そっとそばにいてくれるのが本当の友人だと思う。

Words of Hideki

# 109

人前でそのときの姿をありのまま晒し、
闘病生活を語ることでだれかの
お役に立つなら、積極的にどこへでも
出て行きたい。

◆闘病中、子どもたちの将来についてあれこれ想像したという。
どんな職業に就いてもかまわない。
健康で、普通の生活を楽しんでくれればそれでいい、と願っている。

Words of Hideki

# 110

実を言うと、どちらの復帰ステージでも、何を話したかよく覚えていない。

二度目の病気療養からの復帰となった仕事は、二〇一二年一月二十八日に静岡県で行ったチャリティーコンサートだ。発病してからおよそ二カ月後のことだった。このときはまだ、ふつうに歩くことさえ難しく、ずっと立ち続けていることもつらい状態だったので、舞台では椅子に座らせてもらった。曲目もすべてをバラードにし、トークを多めにして、無事ラストナンバーまで歌い切った。思えば、一度目の脳梗塞からの復帰コンサートも、ハードなナンバーを少なくして、トークを中心にした。体の状態は、最初の復帰コンサートより、二度目のコンサートのほうが悪かった。本番直前まで、声が出るだろうか、最後まで乗り切れるだろうか、と不安で仕方なかったが、やるしかない。大盛況のうちに幕を閉じた一度目の復帰ディナーショーを思い出し、勇気を振り絞った。

実を言うと、どちらの復帰ステージでも、何を話したかよく覚えていない。覚えているのは脚が震えたこと、心臓の鼓動が激しくなったこと、そしてたくさんの声援、割れんばかりの拍手……。「待っていてくれるファンがいる」こう実感したことで、ぼくはどんなに励まされたことか。

Words of Hideki

# 111

死と隣り合わせにいるとき、
誰もが哲学者になれる。

「自分は何のために生きてきたんだ、何をすべきなのか」

そういう根源的なことを考えずにはいられないのが、大病を患うということだ。死と隣り合わせにいるとき、誰もが哲学者になれる。これでもかというほど、自分の人生を深く掘り下げていく。

「のうのうと暮らしてきたけれど、これでよかったのか」

反省と後悔を繰り返す。どうしようもない焦燥感《しょうそうかん》が漂いはじめる。

「ぼくの使命は何だったのか？」

自分が生まれてきた意味を考えずにはいられなくなる。

Words of Hideki

# 112

正直、いまも心のなかは右往左往している。しゃべりがうまくいかないとき、「どうしてなんだ、こんなにリハビリがんばっているのに」ドーンと落ち込んでしまう。

◆常に自分との闘いだった。気持ちを奮い立たせることができたのは、子どもの存在があったからだ。

Words of Hideki

# 113

ぼくがもし病気をしていなかったら……
何十年も大事なことを見失ったまま、
一生が終わってしまったかもしれない。

子どもができてわかったんだけど、「これ、熱いから触っちゃダメだよ」と教えても、たいていの子は触るんだよね。でも、一度触って痛い思いをすれば、もう繰り返さない。頭ごなしに「触っちゃダメ！」と叱るより、火傷をしないように見守りながら「ほら、熱かったね。もう触らないよね」と、経験から学ばせることが大事なときもあるはずです。

裏返して言えば、そんな経験を蓄積して正しい判断ができるようになってこそ、大人の世代と言えるんじゃないかな。経験を積んだ世代の人間は、その世代なりの魅力を持っているはずでしょう。若いころの魅力にばかりとらわれず、年齢を重ねたら、その年齢なりの魅力で輝いていたいものです。

いつまでも〝永遠のヤングマン〟でいることは、ありえない。五十歳なのに三十代に見えたら、それはそれですごいことだけれど、ぼくは、五十歳という年齢を素直に受け入れて五十歳の輝きを放っている人のほうが素敵だと思うし、自分でも、そうありたい。ぼくがもし病気をしていなかったら……何十年も大事なことを見失ったまま、一生が終わってしまったかもしれない。

Words of Hideki

# 114

本当は子どもたちの前では〝カッコいい父親〟の姿だけを見せていたかったのですが。

子どもたちは、ぼくの世話をする妻の姿を見ていたせいか、ごく自然にサポートすることを覚えたようです。慎之介が「パパ、背中を流してあげる」といえば、まだ幼い悠天までが手伝ってくれようとする。薬を飲もうとすれば、莉子がコップに水を入れて持ってきてくれる。子どもたちは病気を抱えた父親がいることで、いたわりのあるやさしい気持ちを育んだのかもしれません。

ぼくもいつしか「この子どもたちのためにも、がんばろう」と自分に気合いを入れるようになりました。

本当は子どもたちの前では〝カッコいい父親〟の姿だけを見せていたかったのですが、神様から成長期の子どもたちといっしょに過ごす時間を与えられたと思うことに。そしてぼくが健康な生活を取り戻していく姿を、子どもたちに見せていこうと心に決めたとき、希望や勇気がわいてきました。

Words of Hideki

# 115

ありのままのぼくを自分が認め、
前へ進もうとしていれば、
だれにも恥じる必要などない。

あれは五月だったか、ぼくが歩いていく道に、木漏れ日がキラキラと降り注いでいた。なんてきれいなんだろう！　ぼくは、それまで幾度となく太陽と木の葉がつくりだす光と影を見ていたはずだが、それが美しいと感じたのは初めてのことだった。十六歳で歌手デビューして以来、日本全国はおろかアジアや北米、南米にまで仕事で出かけ、美しい景色も数えきれないほど目にしてきたはずなのに、感動した記憶はほとんど残っていない。もし病気で療養生活を送ることがなかったら、ぼくの人生はずいぶん味気ないものになっていただろう。

この頃はデパートの食料品売り場、いわゆるデパ地下にも、妻や子どもたちと出かけるようになった。地下鉄に乗ることもある。試食をし、売り場の店員さんと話し、安くて美味しくて、栄養バランスのいいものを選ぶおもしろさも覚えた。まだときおりふらつく足元を、だれに見られてもかまわない。まだ乱れることがある言葉を、だれに聞かれたってかまわない。今のぼく、ありのままのぼくを自分が認め、前へ進もうとしていれば、だれにも恥じる必要などない。

Words of Hideki

# 116

大好きな音楽なくしては語れない人生。この道に進むべくして歩んできたような気もしています。

ぼくは病気をしたあとでも、声量が変わっていないとよくいわれます。それはもともと肺活量が大きかったせいかもしれません。なにせ、成人男性の肺活量の平均が三〇〇〇か四〇〇〇ミリリットルなのに対し、ぼくの場合は約六〇〇〇ミリリットル。長く水泳をやってきて、肺が鍛えられたとも考えられます。

そして中学三年の夏休み、叔父が支配人をしていたジャズ喫茶で演奏していると、ぼくの歌を聞いた音楽関係者から歌手へのお誘いがありました。思い起こせば、大好きな音楽なくしては語れない人生。この道に進むべくして歩んできたような気もしています。

Words of Hideki

# 117

ぼくにとっての「あなた」とは、ファンであり、家族だったんだな……と思うと、歌いながら、涙が出そうになることもあります。

素敵な時間を積み重ねていけば、その年齢なりの輝きをもって生きられるはずだ。そう信じられるようになってから、残りの人生をどう過ごすかについての考えも変わってきました。遅まきながらではありますが、他人が見たときの魅力に左右されず、自分自身が輝いていられるかどうか、ということだけを基準に生きていくことが、やっとできるようになってきた気がします。周りの評価を気にせず、カリスマ性をまとう必要もなく、マイペースで、ありのままの自分をさらけだせる。今の環境はありがたいです。となれば次は、自分が気づいたこと、生きることのすばらしさを、歌や芝居を通じて伝えていきたい。歌がうまいかへたかというのは、もはやそんなに大きな問題ではないけれど、以前よりもずっと、言葉を大切にするようになりました。たとえば、コンサートで必ず歌う『めぐり逢い』という歌がありますが、「あなたに会うために生まれてきた、これからともに生きていこう」という詞に、ぼくの心は震えてしまう。そうか、ぼくにとっての「あなた」とは、ファンであり、家族だったんだな……と思うと、歌いながら、涙が出そうになることもあります。

Words of Hideki

# 118

子どもが大きくなったとき、家族団欒や年中行事の記憶が残っていたらいいな。

近頃は無性に「親父やおふくろに会いたいなあ」と思うことがよくあります。とくに父はぼくの子どもたちと会うことなく旅立ってしまったので、その残念さはひとしおです。父はぼくら子どもにとっては厳しく怖い存在でしたが、子煩悩でもありました。いま父が生きていたらどんなにぼくの子どもを愛してくれただろうかと思いを馳せるんです。せめてもの救いは、母に三人の子どもを抱かせてあげられたことでしょうか。

そんなことを考えると、人生の中で親とともに過ごした日々がいかに限られたものだったか思い知らされます。ぼくの場合は早くに親元を離れたので、その思いはいっそうです。正月に家族で囲んだ祝い膳の記憶もおぼろげで、子どもに伝えることもできない（笑）。わが家のお正月は、妻が味噌仕立ての雑煮や煮物、縁起物の黒豆や、かずのこなどを用意してお祝いしますが、子どもが大きくなったとき、家族団欒や年中行事の記憶が残っていたらいいなと思っているる自分がいます。きょうだいそろって泣いたり笑ったり、そんな日を懐かしく思い出すときが、いずれやってくるのですから。

Words of Hideki

# 119

人間だれしもゴール地点は「死」だが、
そのゲートをくぐるとき、
きちんと前を向いた「進行形」でいたい。

もしかしたらぼくは、八十歳までは生きないかもしれない。でも、せめて七四歳ぐらいまでは生きたい。この前ふとそんなことを思った。ただ漠然と思っただけで七十代ではこうありたいなどと、具体的な自分の姿を考えたわけではない。あまりにも理想的なことばかり追い求めてしまうと、体がほんの少し回復の兆しを見せたときに気づけなくなるかもしれない。反対に過ぎたことを悔やんでばかりいても、体にも心にもマイナスの影響しか及ぼさない。

大事なのは、今、このときだ。総合的な計画としては五年先ぐらいまであるけれど、それよりも一日を一生のつもりで生きることを、今は大事にしたい。病状も心情もよくなったり悪くなったり、刻々と変化していくが、それをすべて受け入れよう。現状を肯定するところからしか、前へは進めない。人間だれしもゴール地点は「死」だが、そのゲートをくぐるとき、きちんと前を向いた「進行形」でいたい。そう考えたとき、ある意味で覚悟が決まったような気がする。もう今は、自分の情けない姿を、人前で見せることも厭《いと》わない。弱い心を人に話すこともできるようになった。

Words of Hideki

# 120

最後は一人の人間として「ぼくの人生はいい人生だった」と言えるように生きたい。悔いは残したくないよね。マッカーサーが座右の銘としたというサミエル・ウルマンという人の詩に「青春とは年齢ではなく、好奇心がある限りは青春だ」というのがあって、ぼくはこの詩が大好きで自分もそうありたいと思う。

◆「一生青春」という言葉を終生大事にして自らの座右の銘とした――。

ずっとファンのみんなと一緒に歩んできた。
だからありのままの自分を見てもらい、
これからも一緒に歩み続けていければいいんだと……。

# 出典一覧（順不同）

《書籍》

『いま、光の中で』（集英社）
『ありのままに』（廣済堂）
『あきらめない』（リベロ）
『バリスタイルの家』（イースト・プレス）

《雑誌》

『週刊文春』「家の履歴書」２０００年10月26日号
『週刊文春』「『みんなが助けてくれるから俺がいる』と、病気を経て、歳を重ねて、感じるようになった」２０１３年7月11日号
『文藝春秋』「二度の脳梗塞には感謝している」２０１６年12月号
『週刊朝日』「子どもが3人ともスカウトされて秀樹、少しカンゲキ！」２００８年1月4―11日号
『週刊朝日』「秀樹とヒデキ　ワシら、みんな広島じゃけん」２００８年4月18日号
『週刊朝日』「秀樹とヒデキ　祝！ヴィレッジピープル30周年」２００８年10月24日号
『週刊朝日』「挫折しても、返り咲く力」２０１３年5月17日号
『清流』「われら50代！　今が輝き盛り対談」２０１３年11月号
『清流』「欲張らず七・五分でいこう　子どもから生きる勇気と希望をもらった」２０１５年3月号
『清流』「欲張らず七・五分でいこう　ファンとともに歩み続けてきた日々」２０１５年5月号
『清流』「欲張らず七・五分でいこう　子どもを黙って見守るわが家の教育方針」２０１５年7月号
『清流』「欲張らず七・五分でいこう　一九七五年の熱い夏が甦るあの時代の僕たち」２０１５年9月号
『清流』「欲張らず七・五分でいこう　〝大の洋楽好き〟が高じて歌手への道が開かれた！」２０１６年2月号
『清流』「欲張らず七・五分でいこう　きょうだいの支えに改めて感謝！」２０１６年5月号

『清流』「欲張らず七・五分でいこう　先輩たちに支えられいまの自分がいる」２０１６年８月号
『婦人公論』「『結婚しない男』に電撃的予感」１９９９年１月22日号
『婦人公論』「独身貴族から理想の夫へ　何があっても彼女を守っていきたい」２００１年11月７日号
『婦人公論』「病気をしなければ、大事なことを見失ったままだった」２００５年１月22日号
『女性自身』「右手足の痺れは、いまも。でも支えてくれる妻子のために――」２０１４年12月２日号
『Ｗ明星』「第２期青春大革命！」１９８６年５月22日号
『音楽と人』「実話？と思えるほど優しいラヴソング「Ｊａｓｍｉｎｅ」でデビュー30周年！を飾る今なおオーラ全開の大スター、真摯かつ紳士的な音楽家の素顔にカンゲキ♡」２００１年７月号
『いきいき（現ハルメク）』「10を目指さず７・５でいい。今を精一杯、生きています。」２０１３年７月号
『アビタン』「これまでの経験を生かして、味のある素敵な30代にしていきたいね」１９８８年12月号
『アサヒ芸能』「『35歳のヒデキ』をぶつけた『歌』そして『大人の恋愛』のすべて！」１９９０年７月12日号
『パンプキン』「母たちのこと　１３１回『恋する季節』から26年。激しく情熱のヒデキは永遠のナイスガイ」１９９７年９月号
『ｗｉｔｈ』「僕は僕なりに、二十八年間恋愛した方だと思ってるんですよ」１９８３年11月号
『ｎｏｎ－ｎｏ』「口説き文句は、かなりキザだぜ　惚れたら一途、メロメロ型だよ」１９８２年10月５日号
『ｎｏｎ－ｎｏ』「いちばんおしゃれした日」１９８２年12月20日号
『Ｈａｎａｋｏ』「アイドルの歴史がよくわかる、旬の西城秀樹インタビュー。25年たっても変わらぬ若さと味わい。この人きっと永遠にヒデキするんだな。」１９９６年２月８日号
『ＭＯＲＥ』「石橋をたたきすぎる慎重さが原因？　ウッソ～現在の気ままさが好きなんでしょ」１９８４年12月号
『ＮＥＳＰＡ』「メークするように貴女自身を演じること」１９８７年９月号

●本書は西城秀樹さんのインタビュー、対談等における発言を再構成したものです。
ご協力くださいました出版社の関係各位に心より御礼を申し上げます。　編集部

# 西城秀樹《さいじょうひでき》

1955年4月13日広島県広島市生まれ。本名木本龍雄（きもとたつお）。

1972年3月25日「恋する季節」で歌手デビュー。

翌年5枚目のシングル「情熱の嵐」がヒット・チャート初のベストテン入り。

次作「ちぎれた愛」で初のヒット・チャート1位に。新御三家の一人として
国民的アイドルスターの座を確立。テレビ、映画、CMでも人気を博し、
また数々の音楽賞を受賞。代表作は「傷だらけのローラ」「ブーメランストリート」

「YOUNG MAN（Y.M.C.A）」「ギャランドゥ」など。

テレビドラマでは「寺内貫太郎一家」で大ブレイク。

香港、中国、シンガポール、ブラジルなどの海外公演、ミュージカル公演、舞台公演など、
幅広い芸能活動を展開して国民的スターとして活躍。

2003年、公演先の韓国で脳梗塞を発症、引退を覚悟したが、懸命のリハビリで復帰。

2011年暮れに脳梗塞を再発したが、見事に復帰を果たした。

2018年5月16日急性心不全により逝去。享年63歳。

進行　久保木侑里　岡野友俐
写真提供・制作協力　アースコーポレーション・片方秀幸

# 西城秀樹　一生青春　120の言葉

二〇二〇年五月二十四日　第一刷発行
二〇二〇年六月十七日　第三刷発行

著者――西城秀樹

編集人・発行人――阿蘇品 蔵
発行所――株式会社青志社
〒一〇七‐〇〇五二　東京都港区赤坂五‐五‐九　赤坂スバルビル6階
（編集・営業）
TEL：〇三‐五五七四‐八五一一　FAX：〇三‐五五七四‐八五一二
http://www.seishisha.co.jp/

本文組版――株式会社キャップス
印刷・製本――中央精版印刷株式会社


ISBN 978-4-86590-102-3 C0095